인간관계와 의사소통의
이론과 실제 워크북

Theory And Practice *in*
Interpersonal Relationships *and*
Communication Work book

인간관계와 의사소통의 이론과 실제 워크북

Theory and practice in interpersonal relationships and communication Work book

2022년 7월 25일 1판 1쇄 발행
2023년 8월 30일 1판 2쇄 발행

지은이 | 김희숙 · 김판희 · 박경란 · 신은정 · 이은영

펴낸이 | 김진환
펴낸곳 | 학지사메디컬
04031 서울특별시 마포구 양화로 15길 20 마인드월드빌딩
대표전화_ 02-330-5188 팩스_ 02-326-0338
등 록 | 2010년 2월 8일 제313-2010-36호
메 일 | hakjisamd@hakjisamd.co.kr
홈페이지 | http://www.hakjisamd.co.kr

ISBN 978-89-6069-990-8 93510

가 격 | 15,000원

인간관계와 의사소통의

이론과 실제 워크북

김희숙 · 김판희 · 박경란 · 신은정 · 이은영 공저

Theory And Practice *in*

Interpersonal Relationships and Communication Work book

학지사메디컬
HAKJISA MEDICAL

저자 소개

대표저자

김희숙 경북대학교

집필진

김판희 구미대학교

김희숙 경북대학교

박경란 경북대학교

신은정 경북전문대학교

이은영 수성대학교

머리말

“인간은 사회적 동물이다.”라고 철학자 아리스토텔레스가 말했듯이 인간은 절대로 혼자서 살 수 없습니다. 타인과 함께 살면서 서로 생각과 가치관이 달라 많은 혼란과 갈등을 경험하면서 마음과 몸이 아프기도 합니다. 실제로 가장 가까운 부모와 형제 간에도 마음을 다치고, 친구 간, 학교나 직장에서의 인간관계에서도 끊임없이 다양하게 마음을 다칩니다. 이렇게 아프고 상한 마음을 예방하거나 치유하는 데 효과적인 것이 바로 ‘좋은 대화’라고 합니다. 사실은 ‘좋은 대화’라기 보다는 ‘좋은 대화 기술을 훈련하여 활용하는 것이 필요하다.’는 말이 됩니다.

이 책은 이런 뜻을 가지고 2021년 2월 출판된 『인간관계와 의사소통이론과 실제』라는 이론서를 바탕으로 구성되어 있습니다. 학생들이 효율적인 인간관계와 의사소통 기술들을 직접 서로 연습해보고 기록하는 워크북을 제공할 뿐만 아니라 사례에 대한 동영상까지 제공하여 좋은 인성과 좋은 대화 기술을 영상을 보고 따라해 봄으로써 훈련의 효과를 더 높이는 강점을 포함하고 있습니다.

원래 이 책은 미래의 간호사인 간호학부 학생들이 일상에서 만나는 모든 타인들과 효율적인 인간관계를 맺도록 좋은 의사소통기술을 습득시키는 것이 목적이지만, 이러한 좋은 대화 기술들은 간호학계뿐만 아니라 인간관계를 중요시하는 다른 직무 분야에서도 충분히 활용할 수 있을 것입니다.

이 책이 여러 학문 분야에서 많은 학생들의 좋은 인성과 좋은 대화 기술을 연습시키는 책으로 활용되기를 희망하면서 바쁘신 와중에도 집필해 주신 공동 저자분들과 책으로서 결실을 맺도록 도와주신 학지사메디컬 김진환 사장님 이하 임직원 여러분에게도 감사의 마음을 전합니다.

대표저자 **김희숙**

목차

1주

효율적 의사소통을 배워야 하는 이유 알기

1 'SBS 그것이 알고 싶다의 가족관계 단절' 동영상을 시청한 후, 각 가족의 의사소통(효율적/비효율적)을 확인하고 개인별 의견을 발표한다.

1) 첫 번째 가족

2) 두 번째 가족

3) 세 번째 가족

4) 네 번째 가족

5) 다섯 번째 가족

- 효율적 의사소통(말 잘하는 기술)은 왜 필요할까?

2 나의 인생곡선

인생곡선은 태어나서 현재까지 자신의 온 생애를 생활사건 중심으로 기록하고, 그래프로 그려서 과거와 현재의 모습을 한 눈에 파악하여 전환점(절정)을 찾아봄으로써 자신을 이해하는 방법이다.

방법

① 가로축은 나이 표시이며, 세로축의 위쪽은 +10점(긍정 = 행복, 만족, 성공, 보람, 기쁨), 아래쪽은 −10점(부정 = 불행, 좌절, 실패, 실망, 슬픔)을 표시한다.

② 나의 삶에 영향을 준 사건을 시간과 만족 정도가 만나는 곳에 점을 찍은 후 간략하게 적고, 그 점을 모두 선으로 연결한다.

활동지 1-1 인생곡선 그리기

중앙의 0은 '무감정', 아래로 내려갈수록 힘들고 아픈 순간이거나 기억하기 싫었던 사건, 위로 올라갈수록 기쁘고 좋았던 사건을 기록한다.

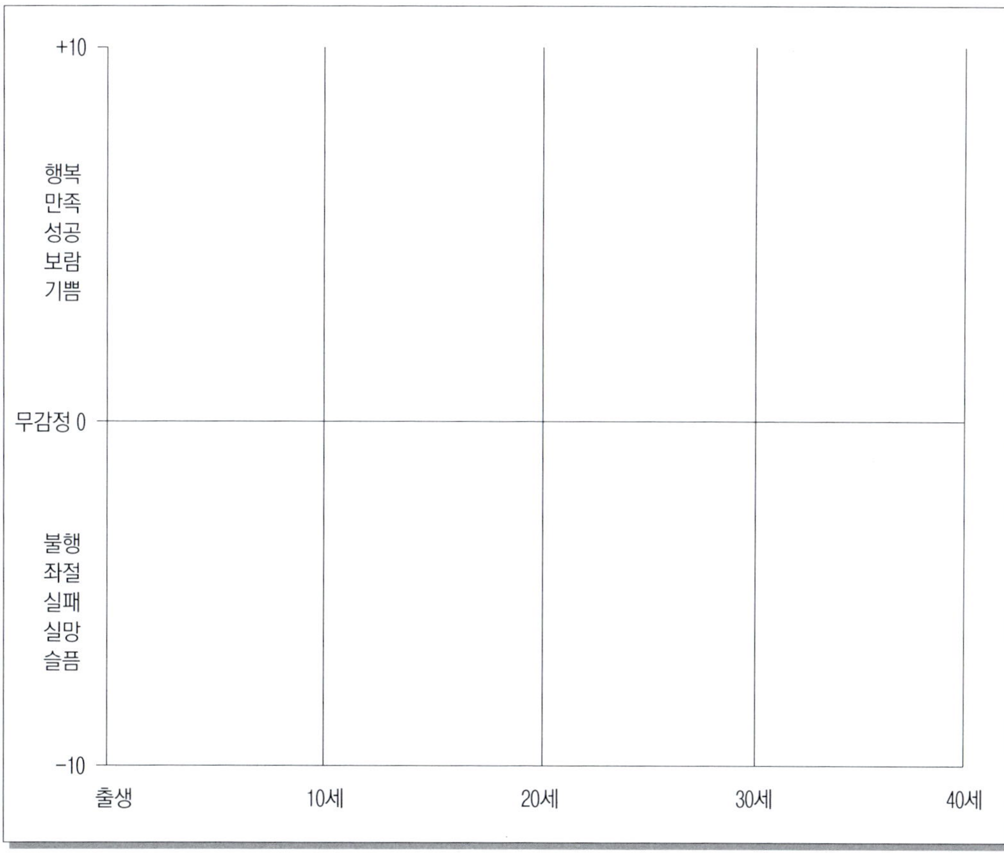

이번 주 실습에서 배운 내용을 간단히 쓰고 실습에서 의미있었던 점을 소감란에 자유롭게 기록한다.

실습일지

실습 1주	
실습 일시	
배운 내용	
소감	

2주

자기개념 탐색활동

자기개념(self-concept)은 인간이 한 개체로서 자신에 대해 갖는 상 또는 이미지이며, 자기 자신에 대한 지각, 느낌 및 신념의 총합이다. 자기개념은 자신의 능력과 가치에 대한 인식이며, 자기상, 신체상 및 도덕상의 통합과 자존감 및 정체성을 반영하며, 자신이 어떤 사람이며, 어떻게 행동하고, 주변에 어떻게 반응하는지에 대한 것을 알려 주고, 자신이 누구인지 그리고 자신이 타인과 함께 공동체 내에서 신체적 · 정신적 · 정서적 · 지적 · 영적 · 사회적으로 어떤 존재가 될 수 있는지 경험하도록 돕는다. 따라서 자기개념은 개인이 타인과 관계를 형성하는 데 가장 중요한 요인 중의 하나로, 정신건강에 매우 중요한 역할을 한다.

1 자기개념

활동지 2-1 자기개념 척도

다음은 당신이 스스로를 어떤 사람이라고 평가하고 있는지를 알아보고자 하는 질문이다. 있는 그대로 자신에 대하여 평가한 후 해당되는 숫자에 표시한다.

문항내용	전혀 그렇지 않다	약간 그렇다	대체로 그렇다	매우 그렇다	전적으로 그렇다
1. 나의 외모에 대하여 만족하고 있다.	0	1	2	3	4
2. 나의 몸은 연약한 편이다.	0	1	2	3	4
3. 나의 용모는 매력 있는 편이다.	0	1	2	3	4
4. 나는 몸의 불편을 별로 느끼지 않는다.	0	1	2	3	4
5. 나에게는 성적 매력이 없는 것 같다.	0	1	2	3	4
6. 나는 대개 바른 일을 한다고 생각한다.	0	1	2	3	4
7. 나의 도덕적인 행동에 대해 만족하고 있다.	0	1	2	3	4
8. 나는 강한 도덕적 생각과 태도를 가지고 있다.	0	1	2	3	4
9. 나는 나쁜 사람이다.	0	1	2	3	4
10. 나는 정직한 사람이다.	0	1	2	3	4
11. 나는 내 성격에 문제가 있다고 생각한다.	0	1	2	3	4
12. 나는 모난 성격을 가지고 있다.	0	1	2	3	4

활동지 2-1 **자기개념 척도 (계속)**

문항내용	전혀 그렇지 않다	약간 그렇다	대체로 그렇다	매우 그렇다	전적으로 그렇다
13. 나는 남의 미움을 받을만한 성격의 소유자이다.	0	1	2	3	4
14. 어떤 상황에서도 나를 잘 가눌 수 있는 성격이다.	0	1	2	3	4
15. 나는 명랑하고 쾌활한 사람이다.	0	1	2	3	4
16. 나는 행복한 가정에서 살고 있다.	0	1	2	3	4
17. 나는 우리 집에서 사랑을 받지 못하고 있다.	0	1	2	3	4
18. 나는 집안 식구들과 잘 지내고 있다.	0	1	2	3	4
19. 지금껏 가족들과 마음을 터놓지 못하고 불신 속에서 살아왔다.	0	1	2	3	4
20. 우리 식구들은 나를 별로 신통치 않게 여기고 있다.	0	1	2	3	4
21. 나는 다른 사람들과 잘 어울린다.	0	1	2	3	4
22. 나는 누구하고든 쉽게 친해질 수 있다.	0	1	2	3	4
23. 사교적인 면에서 볼 때 나에게는 좋은 점이 없다.	0	1	2	3	4
24. 이만하면 나도 비사교적인 편은 아니다.	0	1	2	3	4
25. 나는 다른 사람에게 친근한 느낌을 준다.	0	1	2	3	4
26. 나는 어떤 일이든 잘 해낼 수 있다.	0	1	2	3	4
27. 나는 다른 사람들만큼 능력 있는 사람이다.	0	1	2	3	4
28. 나는 제대로 할 줄 아는 게 없는 것 같다.	0	1	2	3	4
29. 나는 다방면에 능력이 있다.	0	1	2	3	4
30. 때로 내가 무능하다는 생각이 든다.	0	1	2	3	4
총점					

출처: 고려대학교 부설 행동과학연구소(2007). 심리척도 핸드북 Ⅰ. 서울: 학지사. p.173.

- 2, 5, 9, 11, 12, 13, 17, 19, 20, 23, 28, 30번 문항은 1→5, 2→4, 3→3, 4→2, 5→1로 처리한 후 합산하십시오. 점수가 높을수록 긍정적인 자기개념을 가지고 있다.

2 조하리 창을 통한 나의 이해

조하리 창(Johari's window)은 미국의 심리학자 조셉 루프트(Joseph Luft)와 잉햄(Harry Ingham)의 이름을 조하리 창 모델을 'Johari'라고 불렀다. 조하리 창은 개인의 커뮤니케이션, 대인간 관계, 집단역학, 팀 개발과 팀 간 관계 등을 개선하기 위하여 자아인식을 이해하고 훈련하는데 널리 사용되는 모델이 되었다. 자신을 개방하는 정도와 상대방으로부터 피드백을 받아들이는 정도를 제시함으로써 자신과 타인의 이해를 돕는데 유용하게 쓰인다.

조하리 창은 인간의 마음을 4가지 영역, 나와 남이 아는 개방 영역(open area), 나는 모르지만 남은 아는 장님 영역(blind area), 나는 알고 남은 모르는 비밀 영역(hidden area), 나와 남이 모두 모르는 미지 영역(unknown area)으로 구분된다. 창의 크기는 상호 신뢰 수준과 피드백, 자기 자신을 타인에게 개방하는 정도에 따라 결정된다.

① I영역은 개방 영역이 넓으며, 인간관계가 원만한 사람이다. 이들은 자기표현을 적절하 게 할 뿐만 아니라 다른 사람의 말도 잘 경청할 줄 알며, 다른 사람에게 호감과 친밀감을 주게 되어 인기가 있다. 그러나 이 영역이 지나치게 넓은 사람은 말이 많고 경박하다는 오해를 받을 수도 있다.

② II영역은 장님 영역이 넓고 자신의 기분이나 의견을 잘 표현할 수 있다. 그러나 다른 사람이 보기에는 눈치가 없거나 둔감하며, 잘난 체하거나 문제가 없다고 여겨 의사소통이 원활하지 않을 수 있다. 따라서 이들은 다른 사람의 말을 잘 경청하는 것이 중요하다.

③ III영역은 비밀 영역이 넓으며, 다른 사람의 이야기는 잘 경청하지만 자신에 대해서는 노출하지 않고 은폐하므로 대인관계에서 항상 일정한 거리를 두게 된다. 따라서 이들은 자기개방을 통해 다른 사람과 좀 더 넓고 깊이 있는 교류가 필요하다.

④ IV영역은 미지 영역이 넓으며, 자기를 개방하지 않고 타인에게서 피드백되는 정보도 없다. 이들은 자기중심적으로 생각하고 고립된 생활을 하며 타인과의 공감과 소통에 어려움이 있다. 이 유형은 인간관계에 좀 더 적극적이고 긍정적인 태도를 가질 필요가 있으며, 인간관계의 개선을 위해서는 계획하지 않은 경험이나 교육, 상담을 통해 통찰(insight)의 기회를 갖는 것이 도움이 된다.

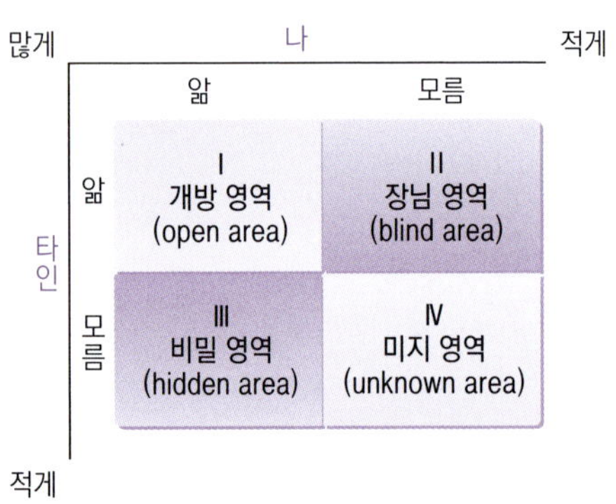

그림 2-1 조하리 창

그림 2-2 조하리 창에 따른 인간관계 유형

그림 2-2는 조하리 창의 영역에 따른 인간관계 유형을 보여주는데, 만남의 관계는 진실하고 진정한 관계를 말하며, 개방 영역이 높은 사람들의 만남을 말하고, 스침의 관계는 가면관계, 역할관계로 개방 영역이 낮은 사람들의 만남을 말한다. 네 가지 영역 가운데 개방 영역이 넓을수록 타인과의 갈등이나 마찰을 일으킬 가능성이 적고, 나머지 세 개의 영역 중 어느 한 영역이 특별히 더 큰 경우는 타인과 갈등이 일어날 가능성이 높다.

활동지 2-2 자아인식 척도

🔔 아래에는 인간관계에서 나타날 수 있는 일반적인 행동양식이 기술되어 있습니다. 각 항목들을 읽어보고 자신을 나타내는 정도를 1점에서 10점까지의 점수에 표시해 주세요.

번호	내용	그렇지 않다			그저 그렇다				매우 그렇다		
		1	2	3	4	5	6	7	8	9	10
1	나는 잘 몰랐을 경우에는 이를 바로 인정한다.										
2	나는 다른 사람의 잘못을 지적할 필요가 있을 때에는 직접 말한다.										
3	나는 납득하기 어려운 지시를 받을 경우 지시한 이유를 물어본다.										
4	나의 의견에 대해 남들이 어떻게 생각하는지 물어본다.										
5	나의 느낌을 솔직하게 표현한다.										
6	다른 사람의 감정을 존중한다.										
7	나는 걱정거리가 생길 경우, 터놓고 의논한다.										
8	나 혼자 이야기를 계속하여 남을 짜증나게 하지 않는다.										
9	나는 진심으로 남의 이야기를 들어준다.										
10	나는 아이디어를 권장하고 대화를 독단적으로 끌고 가지 않는다.										
11	내 잘못을 숨기거나 남의 탓으로 돌리지 않는다.										
12	나는 다른 사람의 충고를 잘 받아들인다.										
13	나는 달가운 일이 아닐지라도 남들이 알아야 할 사항이라면 알려준다.										
14	남의 의견이 나와 다를 경우, 나의 생각을 말하고 함께 검토해본다.										
15	나는 말하기 거북한 내용을 거리낌 없이 말한다.										
16	나는 변명을 하지 않고 비판에 귀를 기울인다.										
17	나는 있는 그대로를 나타내며 가식이 없는 편이다.										
18	나에게 찬성하지 않는다고 남의 마음을 상하게 하지 않는다.										
19	나는 다른 사람에게 그들의 생각을 발표하도록 권장한다.										
20	나는 확신하는 것을 굽히지 않고 말한다.										

🔔 채점은 해당하는 문항들의 점수를 더해 총점을 내주세요.

번호	1	2	5	7	11	13	14	15	17	20	총점(S)
점수											0 점
번호	3	4	6	8	9	10	12	16	18	19	총점(L)
점수											0 점

🔔 S점수(타인과의 원활한 상호작용에 대한 인식 정도)를 가로축, L점수(자기개방의 인식 정도)를 세로축으로 하여 선을 그어 4개의 창을 만들어주세요. 각 영역의 크기를 통해 자신의 대인관계 상태를 판단할 수 있습니다.

		S점수										
		0	10	20	30	40	50	60	70	80	90	100
L점수	0											
	10											
	20											
	30											
	40											
	50											
	60											
	70											
	80											
	90											
	100											

3 가치관

가치관은 어떤 생각, 대상, 행동, 아름다움 등에 대한 일련의 개인적 신념과 태도이며, 높이 평가되거나 소중히 여겨지는 의미 있는 것(자유, 사랑, 생명 등)을 뜻한다. 가치관은 행동 지향적이고 인생의 방향과 의미를 제공한다(Uustal, 1978). 가치관은 인간 대상이나 개념(idea)에 대한 태도에 영향을 미치며, 여러 요소가 혼합되어 서로 영향을 미치고 항상 변화한다. 가치관은 비판적 · 논리적 · 도덕적으로 생각하는 능력이 성숙함에 따라 계속 발달한다. 가치관은 생활방식으로 표현되고 삶의 경험에서 유도된다.

활동지 2-3 가치관 경매

"가치관 경매" 활동은 가치관의 명료화를 위한 방법으로 사용할 수 있다. 배부받은 가치관 경매 활동지를 읽고 다음 조건에 따라 사지만 자신이 가장 중요하다고 생각하는 순으로 다섯 가지를 골라 유인물의 뒷면에 적는다. 가치관 경매 활동이 끝난 후 각 품목당 최고 액수로 산 사람의 이유를 들어본다.

■ 조건 및 유의사항

① 만약 나에게 1억 원이 주어진다면 이 품목 중에서 꼭 사고 싶은 것이 어느 것인지 우선순위에 따라 최초 할당 금액에 금액을 적는다. 1억 원을 13개 항목에 다 할당할 수도 있지만 다 할당할 경우 금액이 나누어져 경매 시 고가액을 할당하는 다른 사람에게 넘어가 하나도 살 수 없을 수 있으므로 이 점에 유의해야 한다.

② 경매자가 1번 항목부터 물건을 차례로 경매할 때 나는 사고 싶은 품목의 최저 액수를 불러서 경매에 참여한다. 한 품목에 구매자가 나온 후 5까지 세는 동안에 또 다른 경쟁자인 구매자가 나오지 않으면 바로 직전 구매자에게 낙찰된다.

경매내용	최초 할당금액	최종 입찰액	최고 낙찰액
만족스러운 결혼			
원하는 것을 할 수 있는 자유(나의 자율성)			
국가의 운명을 좌우할 수 있는 힘(권력)			
친구와의 우정과 사랑			
삶을 긍정적으로 볼 수 있는 완전한 마음			
행복한 가족관계			
세상에서 가장 매력적인 외모			
병 없이 오래 사는 것(건강)			
선택한 직업에서의 성공			
내가 원하는 모든 지식을 완벽하게 탐독할 수 있는 서재			
세상의 모든 질병과 빈곤을 없앨 수 있는 기회			
만족스러운 신앙생활			
삶의 의미에 대한 깨달음(지혜)			
한 달 간의 완벽하게 즐거운 휴가			
비리와 속임수가 없는 정직한 세상			
일생 동안의 경제적 안정			
진정한 사랑			

4 성격유형 탐색활동

1) E자 쓰기

① E자 쓰기 워크시트에 들어앉은 상태로 워크시트를 가슴 앞에 대고 펜으로 크게 알파벳 E자를 쓴다.

② E자가 쓰여진 워크시트지를 그대로 둔 채로 E자 쓰기에 대한 영상을 시청한다.
(참고: EBS 다큐프라임<인간의 두 얼굴 시즌 1-1부 상황의 힘
https://www.youtube.com/watch?v=9rdTsdiDWA4)

③ 영상시청 후 각 조에서 서로의 차이에 대해 이야기를 나누어 본다.

E자 쓰기

우리는 어떻게 다른가?

그 차이에 대해서 한번 생각해 볼까요?

5 가족력을 통한 나의 이해

1) 가계도 그리기

가계도는 3세대 이상의 확대 가족의 관계를 도표화한 것으로, 가족구조를 한 눈에 확인해 봄으로써 역사적인 나(historical self)를 확인할 수 있다.

(1) 원칙

- 나를 중심으로 형제, 자매를 포함한 3세대, 나의 아버지와 어머니, 삼촌, 고모, 이모, 외삼촌을 포함한 2세대, 할머니와 할아버지, 외할머니와 외할아버지를 포함한 1세대를 가계도 원칙에 맞게 그린다.
- 이때 남자는 네모, 여자는 동그라미로 표시한다.
- 결혼은 가로 직선, 별거는 가로선에 빗금(슬래시) 하나, 이혼은 빗금 두 개를 작게 긋고, 사망은 ×로 표시한다.
- 신체질병 및 정신장애, 사망원인, 출생지, 출생과 사망년도, 결혼과 이혼연도, 거주지, 학력, 직업, 성격 등을 기록한다.
- 갈등관계는 지그재그 선으로, 밀착관계는 선 세 개로 표현한다.
- 빈 여백에 중요한 정보를 적는다.

(2) 예시

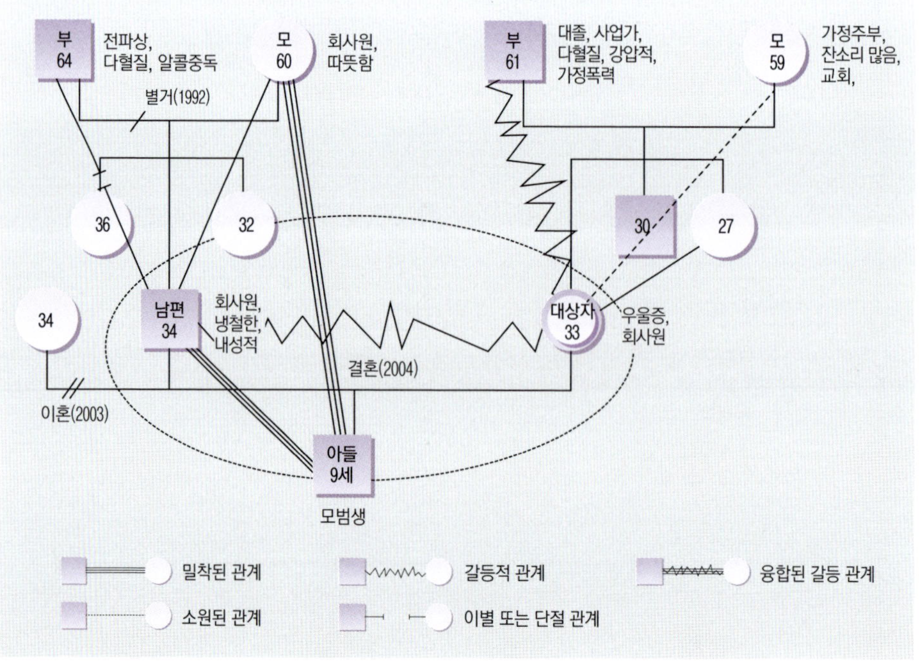

활동지 2-4 나의 가계도

2) 나와 원가족과의 관계 분석

(1) 원가족 구성원의 긍정적인 영향

① 나에게 가장 긍정적인 영향을 미치고 있는 가족구성원은 누구인가?

② 그를 구성하고 있는 요소(행동 특성, 가치관, 성격)들에 대해서 적는다.

구분 \ 내용	강점	약점
정신적		
육체적		
나와 비슷한 점:		
나와 다른 점:		

(2) 원가족 구성원의 부정적인 영향

① 나에게 가장 부정적인 영향을 미치고 있는 가족구성원은 누구인가?

② 그를 구성하고 있는 요소(행동특성, 가치관, 성격)들에 대해서 적는다.

내용 / 구분	강점	약점
정신적		
육체적		
나와 비슷한 점:		
나와 다른 점:		

③ 나의 성격발달에 영향을 준 부모님과 나의 성격에 대해서 적는다.

내용 / 구분	강점	약점
부		
모		
나		

이번 주 실습에서 배운 내용을 간단히 쓰고 실습에서 의미있었던 점을 소감란에 자유롭게 기록한다.

실습일지

실습 2주	
실습 일시	
배운 내용	
소감	

3주

Satir의 의사소통이론을 활용한 나의 의사소통 유형 탐색활동

1 Satir의 의사소통 유형검사

다음 글을 읽고 자신에게 해당하는 문항의 괄호 안에 √표시를 한다.

이름 : ____________________

문항
A. 나는 상대방이 불편하게 보이면 비위를 맞추려고 한다. ( )
B. 나는 일이 잘못되었을 때 자주 상대방의 탓으로 돌린다. ( )
C. 나는 무슨 일이든지 조목조목 따지는 편이다. ( )
D. 나는 생각이 자주 바뀌고 동시에 여러 가지 행동을 하는 편이다. ( )
E. 나는 타인의 평가에 구애받지 않고 내 의견을 말한다. ( )
A. 나는 관계나 일이 잘못되었을 때 자주 내 탓으로 돌린다. ( )
B. 나는 다른 사람의 의견을 무시하고 내 의견을 주장하는 편이다. ( )
C. 나는 이성적이고 차분하며 냉정하게 생각한다. ( )
D. 나는 다른 사람들로부터 정신이 없거나 산만하다는 소리를 듣는다. ( )
E. 나는 부정적인 감정도 솔직하게 표현한다. ( )
A. 나는 지나치게 남을 의식해서 나의 생각이나 감정을 표현하는 것을 두려워한다. ( )
B. 나는 내 의견이 받아들여지지 않으면 화가 나서 언성을 높인다. ( )
C. 나는 나의 견해를 분명하게 표현하기 위해 객관적인 자료를 자주 인용한다. ( )
D. 나는 상황에 적절하지 못한 말이나 행동을 자주 하고 딴전을 피우는 편이다. ( )
E. 나는 다른 사람이 내게 부탁할 때 내가 원하지 않으면 거절한다. ( )
A. 나는 사람들의 얼굴표정, 감정, 말투에 신경을 많이 쓴다. ( )
B. 나는 타인의 결점을 잘 찾아내어 비판한다. ( )
C. 나는 실수하지 않으려고 애를 쓰는 편이다. ( )
D. 나는 곤란하거나 난처할 때는 농담이나 유머로 그 상황을 바꾸려 하는 편이다. ( )
E. 나는 나 자신에 대해 편안하게 느낀다. ( )
A. 나는 타인을 배려하고 잘 돌보아 주는 편이다. ( )
B. 나는 명령적이고 지시적인 말투를 자주 사용하기 때문에 상대가 공격받았다는 느낌을 받을 때가 있다. ( )
C. 나는 불편한 상황을 그대로 넘기지 못하고, 시시비비를 따지는 편이다. ( )
D. 나는 불편한 상황에서는 안절부절 못하거나 가만히 있지 못한다. ( )
E. 나는 모험하는 것을 두려워하지 않는다. ( )

A. 나는 다른 사람들이 나를 싫어할까 두려워서 위축되거나 불안을 느낄 때가 많다. ( )

B. 나는 사소한 일에도 잘 흥분하거나 화를 낸다. ( )

C. 나는 현명하고 침착하지만 냉정하다는 말을 자주 듣는다. ( )

D. 나는 한 주제에 집중하기 보다는 화제를 자주 바꾼다. ( )

E. 나는 다양한 경험에 개방적이다. ( )

A. 나는 타인의 요청을 거절하지 못하는 편이다. ( )

B. 나는 자주 근육이 긴장되고 목이 뻣뻣하며 혈압이 오르는 것을 느끼곤 한다. ( )

C. 나는 나의 감정을 표현하는 것이 힘들고, 혼자인 느낌이 들 때가 많다. ( )

D. 나는 분위기가 침체되거나 지루해지면 분위기를 바꾸려 한다. ( )

E. 나는 나만의 독특한 개성을 존중한다. ( )

A. 나는 나 자신이 가치가 없는 것 같아 우울하게 느껴질 때가 많다. ( )

B. 나는 타인으로부터 비판적이거나 융통성이 없다는 말을 듣기도 한다. ( )

C. 나는 목소리가 단조롭고, 무표정하며 경직된 사세를 취하는 편이다. ( )

D. 나는 불안하면 호흡이 고르지 못하고 머리가 어지러운 경험을 하기도 한다. ( )

E. 나는 누가 나의 의견에 반대해도 감정이 상하지 않는다. ( )

Satir의 의사소통 유형을 통해서 본 나의 의사소통 유형의 특성은?

----

2 Satir의 의사소통 유형에 따른 대화

1) 예시 1

어머니1: (못마땅한 표정과 빠른 말투로) 수학 숙제… 오늘 한 거 맞아? 오늘 한 거 선생님한테 보낸 거 맞아?

딸1: (기어들어가는 목소리로) 아니, 어제 한 거야.

어머니2: (그럼 그렇지 하는 표정으로) 어제 한 건데 왜 오늘 한 것처럼 보냈어? 거짓말했네. 당장 가져와. 노트 가지고 와 봐. 뭐해? 가져오라니까.

딸2: (기어들어가는 목소리로 눈치를 보며) 오늘 한 거 나중에 보내려 했어.

어머니3: (윽박지르는 듯한 목소리로) 빨리 가져와 봐. 너 엄마가 거짓말하는 거 싫다고 했어 안 했어? 근데 아침에 시간이 없는 것도 아니고 너 저번에도 그래서 다음부터 잘한다 했잖아. 똑같은 거야, 지금. 맨날 다음부터 잘 한다 그래, 왜 그랬냐구. 말을 하라고.

딸3: (기어들어가는 목소리로 눈치를 보며) 책 먼저 읽고 하려고 했어.

어머니4: (윽박지르는 듯한 목소리로) 이건 거짓말한 거잖아. 대답을 똑바로 해. (학습지) 하라고. 왜 또 울려 그래. 수학 문제 푸는 게 그렇게 울 일이야?

딸4: (울먹이며)…

어머니5: (윽박지르는 듯한 목소리로) 엄마 화나게 할 거야? 해야 돼? 안 해야 돼? 나 이해를 못하겠어. 이것도 안 했지, 저것도 안 했지, 숙제도 안 했지. 오늘 월요일인데 배움노트도 안 썼지. 이제 뭐 할 건데?

딸5: (제발 그만해달라는 표정으로) 배움노트 오늘 할 거 해야지.

어머니6: 학교 숙제가 먼저라고 했어. 책 읽는 건 나중이라고 했지?

딸6: (기죽은 목소리로 작게) 배움노트 먼저 한다고…

어머니7: (언성을 높이며) 그러니까 배움노트 먼저 하고 책을 읽어야 된다고. 어? 제발. 매일같이 이야기하잖아, 매일같이. 대답을 하라고.

대화를 들은 후 느낌은?

---

2) 예시 2

남편1: (따지듯이) 대체 당신 불만이 뭔데?

아내1: (기가차다는 듯이) 당신이 불만이 많지, 내가 뭔 불만이야?

남편2: (언성을 높이며) 불만 없어?

아내2: (같이 언성을 높이며) 불만 있지. 뭐 때문에 우리한테 행패 부리고 그렇게 폭력을 쓰냐고?

남편3: (비꼬듯이) 조용히 이야기해~

아내3: (따지듯이) 당신이 뭘 잘했는데?

남편4: (목소리를 차분하게 깔고) 내가 잘했다는 게 아니고 내 이야기를 들어보라고, 내 말을 자르지 말고…

아내4: (한 번 해보자는 듯) 처음부터 이야기해. 그럼 처음부터! 맨날 술만 먹으면 유리창 깨고!

남편5: (어이없다는 듯) 내가 언제 유리창을 깼어?

아내5: (큰소리로) 거실 유리창 깼잖아!

남편6: (혀를 차며) 이 사람아! 그때는 넘어져서 문짝에 손을 짚다가 깨진 거고

아내6: (답답하다는 듯) 아, 그게 아니라니까. 그렇게까지 날마다 하고 내가 진짜…

남편7: (억울하다는 듯) 날마다 했다고 그렇게 이야기하지 말란 말이야! 내가 언제 날마다 했어?

아내7: (불쾌한 듯) 날마다가 아니라 사흘 도리로 그냥…

남편8: (한심하다는 듯) 그때는 옆에 침대가 있었잖아.

아내8: (단정적으로) 없었어.

남편9: (목소리 약간 커지며) 정말로 왜 이러니.

아내9: (치사하다는 듯 마지못해) 그럼 그랬다 치자.

남편10: (따지듯이) 뭘 그랬다 쳐 그게 사실이지. 조립식으로 만들어 놓은 침대 있었잖아.

아내10: (조금 누그러진 목소리로) 안방 침대야, 우리 침대야. 그건 중요하지 않잖아. 침대는 침대니까…

대화를 들은 후 느낌은?

3 일치적 의사소통방식 학습

① 가족 중에서 나와 자주 말다툼하는 사람은 누구입니까?

② 그 가족과 말다툼할 때 느껴지는 나의 감정 상태에 대해서 진술하시오.

③ 말다툼할 때 나의 속에 있는 욕구나 감정을 있는 그대로 이야기합니까? 아니면 속의 욕구나 감정과 다르게 이야기합니까?

④ 그렇게 이야기하면 상대방의 반응은 어떻습니까?

⑤ 상대방이 어떤 방식으로 나에게 말하면 나의 기분이 덜 상할 것 같습니까?

⑥ 그때 당신은 어떻게 말하겠습니까?

⑦ 가족구성원에게 나의 느낌을 직접적으로 분명하게 주기 위해서

▪ **긍정적 메시지 보내기: 긍정적인 느낌을 말하는 것부터 시작한다.**

(사랑, 관심, 감사함, 은혜, 평화, 평안, 즐거움, 희망, 기쁨, 보람, 신뢰, 애정, 편안함, 고마움, 자랑스러움, 책임감, 도움이 되고 싶음, 믿음직스러움)

- ________________ 에게, 나는 지금 ________________ 때문에 ____________ 느낍니다.
- ________________ 에게, 나는 지금 ________________ 때문에 ____________ 느낍니다.
- ________________ 에게, 나는 지금 ________________ 때문에 ____________ 느낍니다.
- ________________ 에게, 나는 지금 ________________ 때문에 ____________ 느낍니다.

▪ **부정적 메시지 보내기: 부정적인 메시지를 전달해 본다.**

(섭섭함, 적개심, 분노감, 우울감, 슬픔, 불안, 갈등, 미움, 화, 공포, 두려움, 열등감, 죄책감)

- ________________ 에게, 나는 지금 ________________ 때문에 ____________ 느낍니다.
- ________________ 에게, 나는 지금 ________________ 때문에 ____________ 느낍니다.
- ________________ 에게, 나는 지금 ________________ 때문에 ____________ 느낍니다.
- ________________ 에게, 나는 지금 ________________ 때문에 ____________ 느낍니다.

〈참고 동영상〉

1. 금쪽같은 내새끼 https://youtu.be/M-6HrQJmlbs
2. 그것이 알고 싶다. -가족과의 대화단절

이번 주 실습에서 배운 내용을 간단히 쓰고 실습에서 의미있었던 점을 소감란에 자유롭게 기록한다.

실습일지

실습 3주	
실습 일시	
배운 내용	
소감	

4주

Eric Bern의 상호교류분석기법을 활용한 나의 의사소통 유형 탐색활동

Egogram 체크리스트

다음의 질문을 하나씩 읽으면서 당신의 특성에 맞거나 가장 가까우면 ①, 어느 편도 아니면 ②, 맞지 않거나 멀면 ③에 표시한다. 가능한 한 ①과 ③ 중의 어느 하나에 응답한다.

Ⅰ.

1. 다른 사람이 잘못했을 때 용서하지 못합니까?	① ② ③
2. 자신을 책임감이 강한 사람이라고 생각합니까?	① ② ③
3. 자신의 생각을 양보 없이 끝까지 주장하는 편입니까?	① ② ③
4. 당신은 예의, 태도에 대해서 엄격한 훈련을 받았습니까?	① ② ③
5. 한번 착수한 일을 끝까지 해내지 못하면 마음이 편치 않은 편입니까?	① ② ③
6. 부모가 시키면 그대로 따릅니까?	① ② ③
7. 당신이 부모가 되면, 아이를 엄격히 기르겠다고 생각합니까?	① ② ③
8. 당신은 무엇이든 깔끔해 보이지 않으면 계속 그것에 신경이 쓰입니까?	① ② ③
9. '잘못됐다', '…하지 않으면 안된다'라는 표현을 잘 하는 편입니까?	① ② ③
10. 당신은 시간이나 금전에 대해서 반드시 분명한 태도를 보여야만 한다고 생각합니까?	① ② ③
점수 계	( )( )( )

Ⅱ.

1. 타인이 길을 물으면 친절히 가르쳐 주는 편입니까?	① ② ③
2. 친구나 어린아이들에게 칭찬해 주기를 좋아하는 편입니까?	① ② ③
3. 남을 돌보는 일을 좋아합니까?	① ② ③
4. 남의 나쁜 점보다는 좋은 점을 더 많이 보는 편입니까?	① ② ③
5. 낙담한 사람이 있다면 위로하거나 격려해 주기를 좋아합니까?	① ② ③
6. 친구들에게 무엇이든 사주는 것을 좋아합니까?	① ② ③
7. 도움을 요청받으면 기꺼이 맡아서 처리해 주기를 좋아합니까?	① ② ③
8. 누구든 실패해도 책망하지 않고 용서하는 편입니까?	① ② ③
9. 남동생, 여동생 또는 자신보다 나이가 적은 사람을 예뻐하는 편입니까?	① ② ③
10. 먹을 것, 입을 것이 없는 사람을 보면 도와주는 편입니까?	① ② ③
점수 계	( )( )( )

Ⅲ.

1. 당신은 여러 가지 책을 잘 보는 편입니까?	① ② ③
2. 어떤 일이 잘 되지 않아도 화를 내지 않는 편입니까?	① ② ③
3. 어떤 일을 결정할 때 여러 사람의 의견을 듣고 정합니까?	① ② ③
4. 처음 접하는 일일 때 그 일을 잘 알아 본 후에 행동합니까?	① ② ③
5. 어떤 일을 할 때 그 결과를 충분히 생각해 봅니까?	① ② ③
6. 모르는 것이 있으면 남에게 묻거나 상의해 보는 편입니까?	① ② ③
7. 몸에 이상이 생기면 조심하거나 무리하지 않도록 배려합니까?	① ② ③
8. 부모님과 감정이 상함 없이 대화를 잘 하는 편입니까?	① ② ③
9. 해야 할 일들을 사리에 맞게 처리해 나간다고 생각합니까?	① ② ③
10. 미신이나 점치는 것 등은 믿지 않는 편입니까?	① ② ③
점수 계	( )( )( )

Ⅳ.

1. 당신은 화려한 것을 좋아하는 편입니까?	① ② ③
2. 여럿이 어울려 신나게 이야기하거나 노는 것을 좋아합니까?	① ② ③
3. '아!', '좋다', '멋지다' 등의 감탄사를 잘 사용하는 편입니까?	① ② ③
4. 당신은 말하고 싶은 것을 어려워하지 않고 말하는 편입니까?	① ② ③
5. 기쁘거나 슬플 때, 그 감정을 자유롭게 나타내는 편입니까?	① ② ③
6. 갖고 싶은 것은 가져야만 마음이 편안합니까?	① ② ③
7. 이성의 친구에게 자유롭게 말을 할 수 있습니까?	① ② ③
8. 남에게 농담을 하거나 장난치기를 좋아하는 편입니까?	① ② ③
9. 그림을 그리거나 노래 부르는 것을 좋아합니까?	① ② ③
10. 당신은 싫은 것을 싫다고 말하는 편입니까?	① ② ③
점수 계	( )( )( )

Ⅴ.

1. 당신은 남의 표정을 보고 행동하는 버릇이 있습니까?	① ② ③
2. 싫은 것을 싫다고 말하지 않고 참는 일이 많습니까?	① ② ③
3. 당신은 열등감이 강한 편입니까?	① ② ③
4. 무엇이든 부탁을 받으면 곧 하지 않고 뒤로 연기해서 끄는 편입니까?	① ② ③
5. 무리를 해서라도 남에게 항상 잘 보이려고 애씁니까?	① ② ③
6. 진실된 자신의 생각보다는 부모나 남의 말에 영향 받기 쉬운 편입니까?	① ② ③
7. 슬프거나 우울한 기분을 느끼는 일이 흔한 편입니까?	① ② ③
8. 당신은 사양하는 편이며 소극적인 편입니까?	① ② ③
9. 부모의 비위를 맞추려고 애쓰는 편입니까?	① ② ③
10. 속으로 불만이지만 겉으로는 만족한 것처럼 행동합니까?	① ② ③
점수 계	( )( )( )

Egogram 결과지

점수	CP	NP	A	FC	AC
20					
18					
16					
14					
12					
10					
8					
6					
4					
2					

Egogram을 통해서 본 나의 자아상태 특성은?

〈참고 동영상〉

1. 골목식당 팥칼국수집 https://youtu.be/zY6q1v5ldeQ

1 상호보완적 교류 연습

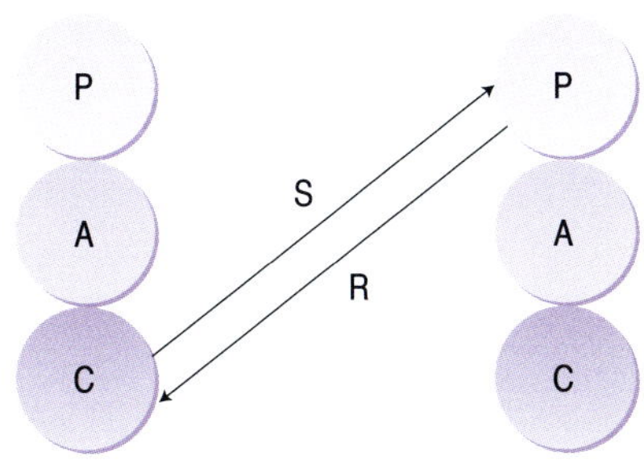

- **Stimulant(Child-Parent):** (울상을 지으며) 엄마! 넘어져서 무릎이 아파요!
- **Response(Parent-Child):** 어디 보자, 많이 아프겠구나!

■ 연습

- S : ____

____

- R : ____

____

2 교차적 상호교류

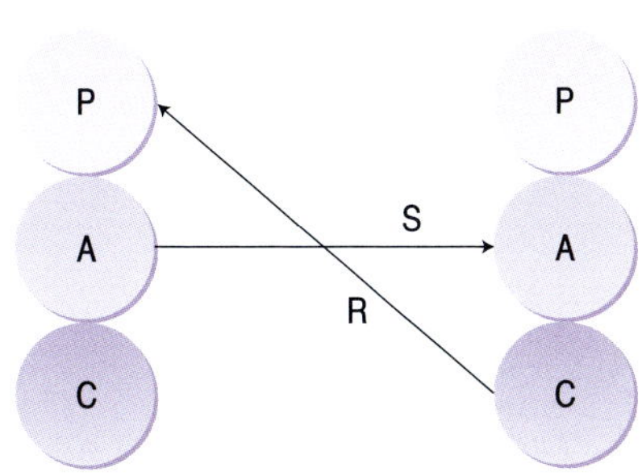

- **Stimulant(Adult-Adult):** 지금 우리 함께 저녁 식사 준비하자!
- **Response(Child-Parent):** 요것만 보고 갈게요.

■ 연습

- S : ____

____

- R : ____

____

3 이면상호교류

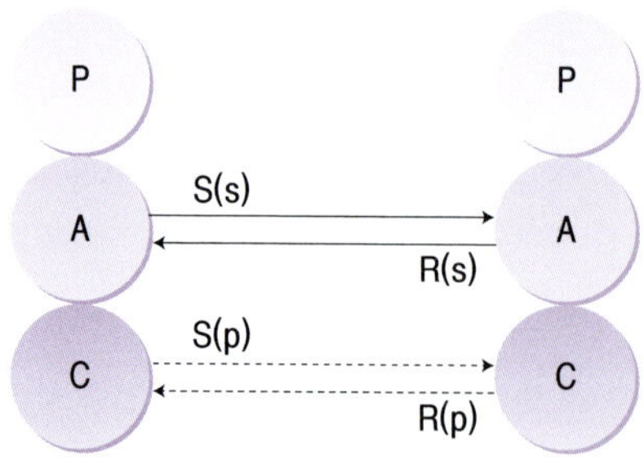

- **Stimulant(social):** (지각한 학생에게) 김군! 자네 지금 몇 시인가?
  [**Stimulant(psychological, inner thinking):** 아니 이 녀석이 또 늦었네!]
- **Response(social):** 지금 9시요.
  [**Response(psychological, inner thinking):** 자기는 늦게 오지 않나? 자기도 늦게 들어오면서…]

■ 연습

- S(s): ____________________
  ____
- S(p): ____________________
  ____
- R(s): ____________________
  ____
- R(p): ____________________
  ____

이번 주 실습에서 배운 내용을 간단히 쓰고 실습에서 의미있었던 점을 소감란에 자유롭게 기록한다.

실습일지

실습 4주	
실습 일시	
배운 내용	
소감	

5주

효율적 의사소통기법 실습 1

1 비언어적 의사소통

면담자의 비언어적 의사소통은 대상자와의 상담 효과에 언어적 의사소통 이상으로 영향을 준다. 얼굴표정, 눈짓, 자세, 접촉, 옷차림, 목소리 크기와 톤, 침묵 등을 통해 메시지를 전달하는 것을 비언어적 의사소통이라고 한다. 면담자의 전문성 수준은 효과적인 비언어적 의사소통 기술과 관련이 많다.

■ **다음에 제시된 내담자의 비언어적 반응을 읽고, 면담자로서 관찰한 비언어적 행동과 관련된 단서를 토대로 추측되는 내담자의 감정 상태를 모두 서술한다.**

시어머니와의 갈등에 대해 이야기를 하던 38세 여성이 갑자기 입을 꾹 다문 채 한숨을 크게 쉬면서 벽을 뚫어져라 응시한다.

- 감정상태/태도

고등학교 1학년인 A의 어머니는 암 투병을 하다가 한달 전에 사망하였다. 매사 적극적인 태도로 수업에 임하던 A는 책상에 엎드려 있거나 활력 없이 어깨가 축 늘어진 모습이었다. 3일 전부터 등교 거부를 하다가 상담에 의뢰되어 상담실에 와서 고개를 숙인 채 말없이 우울한 표정을 짓고 있다.

- 감정상태/태도

59세 남성 B씨는 알코올의존증으로 상담에 의뢰되었다. B씨는 남의 마누라는 직장일하면서 집안 일도 잘만 하는데, 내 아내는 전업주부면서 허구한 날 바가지만 긁고, 술 좀 먹는다고 눈을 흘긴다며 불만을 토로한다. 자식들을 생각하며 참다가도 나를 무시하면 순간적으로 손이 올라갈 수밖에 없다며 의자 끝에 앉아 주먹을 꽉 쥔 채 눈을 깜빡이지 않고 정면을 응시하고 있다.

- 감정상태/태도

2 공감하기

공감은 대상자를 이해하는 데 필수적인 치료적 요인으로, 의사소통과 관련된 중요한 개념 중 하나로 강조되고 있다. 우리는 면담자로서 가장 높은 수준의 공감을 지향해야 한다. 내담자가 표현한 감정의 내면적 의미를 정확하게 표현하고, 내담자가 가진 적극적인 성장 동기를 이해하여 표현한다. 상대방의 감정을 깊이 이해하면서 함께 경험한다. 공감은 언어적 · 비언어적 의사소통으로 표현될 수 있다.

- **공감 연습**

  2명이 짝을 지어 최근 경험한 속상했던 이야기를 먼저 한 사람씩 10분 동안 이야기하고, 듣는 사람은 공감해 준다. 10분 후 바꾸어 진행한다.

- **이야기 후 다음 설문지로 자신의 공감 정도를 체크해 본다.**

공감 척도로 자신의 공감적 수준 평가하기 (이름:)

요인	문항	예	아니오
진정성	1. 나는 상대방과 대화하는 순간을 소중하게 여긴다.		
	2. 나는 상대방이 하고 싶은 말을 편하게 할 수 있도록 배려한다.		
	3. 나는 상대방의 경험을 존중한다.		
	4. 나는 상대방과 대화할 때 상대방을 진심으로 대한다.		
	5. 나는 상대방과 대화할 때 그 사람에게 충실하려고 노력한다.		
	6. 나는 상대방의 이야기를 들을 때 관심 있게 듣는다.		
대리 감정	7. 나는 상대방이 심각한 고민을 말할 때 그 심정이 어떨지 같이 느끼려고 노력한다.		
	8. 나는 상대방이 슬픈 이야기를 할 때 그 감정을 같이 느끼려고 노력한다.		
	9. 나는 상대방을 이해할 때 그 사람의 감정을 같이 나누려고 노력한다.		
	10. 나는 답답한 심정을 말하는 상대방의 감정을 같이 나눈다.		
	11. 나는 이야기를 들을 때 상대방의 감정에 맞추어 느끼려고 노력한다.		
	12. 나는 상대방이 느끼는 감정을 그 사람의 입장에서 느끼려고 노력한다.		

감정 파악	13. 얼굴 표정을 보면 나는 상대방의 기분을 이해할 수 있다.		
	14. 나는 대화할 때 상대방의 얼굴 표정을 보며 기분을 파악한다.		
	15. 나는 상대방의 기분이나 감정을 빨리 파악한다.		
	16. 나는 한숨과 같은 상대방의 몸짓으로 그 사람의 기분을 짐작할 수 있다.		
	17. 나는 대화 중에 상대방의 감정이 드러나면 바로 알아차린다.		
합계			

공감하기 후 느낌은?

〈참고문헌〉

김윤희, 김진숙(2017). 공감 척도 개발 및 타당화. 상담학 연구, 18(5), 61-84.

3 경청하기

대상자가 자신에 관한 이야기를 털어놓을 수 있는 원동력은 언어적 · 비언어적으로 온전히 귀기울여 주는 것, 즉 주의 깊은 적극적 경청이다. 경청은 대상자로 하여금 자신의 경험, 행동, 사고, 감정 등에 관한 이야기를 충분히 할 수 있게 하여 삶에 대한 통찰과 새로운 행동 실천을 촉진하는 효과가 있으며, 언어적 · 비언어적 의사소통으로 표현될 수 있다.

■ 경청하기 반응 연습

① 경청하지 않는 자세(경청의 방해요소) 취하기

등 돌리고 이야기 듣기, 일어서서 이야기 듣기, 시선 돌리고 이야기 듣기, 시계 보면서 이야기 듣기

② 경청 자세 취하기

대상자와 눈높이로 앉기, 얼굴 바라보기, 대상자의 이야기에 맞는 표정 짓기 등

③ 경청 경험하기

- 하나의 주제(예: 개물림 시 보호자 법적 처벌)를 정한 후 두 사람씩 짝지어 찬성과 반대 입장을 성한다.
- 찬성 입장을 3분 동안 이야기한다(규칙: 듣는 사람은 말하지 않는다).
- 경청하는 자세, 추임새를 하며 듣는다.
- 반대 입장을 3분 동안 이야기한다(규칙: 듣는 사람은 말하지 않는다).
- 경청하는 자세, 추임새를 하며 듣는다.

경청하기 후 느낌은?

■ 경청하기 기술 평가

다음에 제시된 '온정 및 존중 내용 분석표'를 통해 면담자로서 파트너의 비언어 행동 패턴을 분석하고 효과적인 의사소통과 전문성 태도에 대해 고찰한다.

상담자 행동	1분 간격										
	1	2	3	4	5	6	7	8	9	10	계
1. 시선 접촉을 유지한다.											
2. 얼굴을 바라본다.											
3. 앞으로 몸을 약간 기울여 집중한다.											
4. 개방적인 자세: 팔(이완됨)											
5. 개방적인 자세: 다리(이완됨)											
6. 이완된 자세											
7. 머리를 가끔 끄덕인다.											
8. 관심과 애정 어린 얼굴표정											
9. 제스처: 언어적 표현을 돋보이게 한다.											
10. 목소리 속도: 평균 또는 약간 느린 정도											
11. 목소리 크기: 명확하게 잘 들림											
12. 흥미를 보이는 말의 내용											
총 점											

4 개방형 질문하기

대상자로부터 정보를 확보할 경우 '예' 혹은 '아니오'로 대답이 나올 수 있는 폐쇄적 질문보다 대상자가 자유롭게 여러 형태로 대답할 수 있는 개방적 질문 혹은 열린 질문이 바람직하다. 따라서 '지금 기분 나쁘니?'(닫힌 질문)보다는 '지금 기분이 어때?'(열린 질문)가 좋은 질문이 된다. 대체로 열린 질문을 하려면 '무슨 일이니?', '~ 어때?', '어떻게 생각하니?'와 같은 말을 넣으면 된다.

■ 다음 예를 개방형 질문으로 바꾸어 표현해 보세요.

선생님: (밝은 표정으로) 지민아! 안녕! 지금 나하고 이야기 좀 해.

→ ....

지 민: (기운 없이 작은 목소리와 어두운 표정으로) 예…

선생님: (의아한 표정으로) 왜 그래?

→ ....

지 민: (어두운 표정으로 침묵) ……

선생님: (손목시계를 보면서) 왜 그래!? 빨리 말해 봐!

→ ....

지 민: (할 수 없이) 엄마가 이사하러 가셨어요.

선생님: 왜 갑자기 이사를 하신대?

→ ....

지 민: (머뭇거리며) 저 ……

면담자: (기다린 표정으로) 오늘 상담에 왜 늦었나요?

⋯▸ --

대상자: (신발을 바라보며) 오기 싫었어요.

면담자: (단호한 표정으로) 상담시간을 잘 지켜야죠. 그렇게 시간적 여유가 없었나요?

대상자: (시선을 회피하며) 무기력하기도 하고, 생각 좀 하다가 늦었어요.

면담자: (앞으로 약간 기울이며) 무슨 생각을 하는지 말씀해 주세요.

⋯▸ --

대상자: (입술을 꽉 깨문 후) 저한텐 누구에게도 편하게 말하지 못한 비밀이 있어요.

면담자: (고개를 상하 · 좌우로 저으며) 좀 더 구체적으로 이야기해 주세요.

⋯▸ --

대상자: (안경을 만지면서) 실은⋯ 부모님이 이혼을 하셨어요. 아버지가 굉장히 폭력적이셨어요. 아버지랑 헤어지고 어머니랑 계속 살았지만 좋은 추억이 하나도 없어요.

면담자: (고개를 끄덕이며) 지난 일에 너무 괴로워하지 마세요.

⋯▸ --

대상자: (주먹을 불끈 쥐며) 아버지만 아니었다면 내 삶이 이렇게까지 엉망이진 않을 거예요. 어머니도 식당일 하시느라 저희에게 늘 무관심했던 것 같아요.

면담자: (팔짱을 끼며) 부모님의 이혼으로 유년기 시절에 말할 수 없는 상실감은 이해합니다만 이제는 성인이잖아요. 삶의 시련들을 부모님의 이혼 탓으로 돌리는 것은 변명입니다.

⋯▸ --

대상자: (두 손을 이마에 대며) 맞아요. 어려웠던 상황을 잘 이겨내지 못한 내 자신에 대해 후회되고, 마치 부모님이 이혼하신 게 모두 제 탓만 같아요.

5 반영하기

반영은 대상자에게 공감하고 있음을 표현하는 방법 중 하나로 상대방을 비추는 거울이 되어 언어적 · 비언어적으로 표출된 대상자의 경험(behavior), 생각(thought), 느낌(feeling)을 언어적으로 표현하는 것이다. 경험반영은 대상자의 비언어적인 행동을 관찰한 그대로 진술하는 것이고, 생각반영은 대상자가 말한 내용을 적절한 단어로 반복해 표현해 주는 것이며, 느낌반영은 대상자의 느낌이나 감정을 비판 없이 다시 표현해 주는 것이다.

■ **다음 예를 반영하기 기술을 사용하여 표현해보세요.**

대상자: (한숨을 쉬며) 상담 그만할래요. 상담해봤자 도무지 진전도 없고, 지쳤어요.

- 경험반영

- 생각반영

- 느낌반영

대상자: (수심에 찬 표정으로) 대학교 때는 졸업만 하면 돈도 벌고 행복할 줄 알았는데, 막상 취업을 해보니 제가 생각했던 미래랑 너무 달라요. 요새 취업하기가 하늘의 별따기라고 하지만, 이직하고 싶어요. 이제 와서 진로를 바꾸는 건 말도 안 되는 생각이겠죠. (낙담하며) 저는 지금 일이랑 도저히 맞지 않다고 생각이 드는데, 계속 참으면서 일하는 게 맞는 건지 모르겠어요.

- 경험반영

- 생각반영

- 느낌반영

대상자: (어두운 표정으로) 무서워요… 많이 아플까요?

- 경험반영
- 생각반영
- 느낌반영

대상자: 사실 아버지 없이 살면서 우리 엄마가 저를 위해 건강이 좋지 않음에도 불구하고 주말도 없이 일하면서 매일 밤 늦게 들어오시는데… 저는 이 모양이니까요.

- 경험반영
- 생각반영
- 느낌반영

대상자: 그 이야기를 들으니 '아! 다 내 잘못이구나!'라는 생각이 들었어요. 사실 엄마가 일주일에 세 번 정도는 술을 드시는데, 술 먹고 취한 날 엄마가 저 때문에 힘들다고 한 적이 있거든요. 그래서 '내가 있어 일이 이렇게 되는구나!' 라는 생각이 자꾸 들어요.

- 경험반영
- 생각반영
- 느낌반영

대상자: 저는 성격이 덜렁거리고 잘 잊어버리고, 먹은 것도 안 치워요. 숙제도 안하고… 대부분 하기 싫으면 안 해요. 안 하는 순간이 편하고 좋아요. 걱정도 조금 되지만요. 저번에 엄마가 저를 혼내면서 나 때문에 힘들다고 할 때 순간 내가 죽으면 다 해결되겠다는 생각이 들어서 너무 죽고 싶었는데 엄마가 옆에 있어서 시도를 못 했어요.

- 경험반영

- 생각반영

- 느낌반영

대상자: 아무튼 열심히 하려고 했는데 결과는 별로 좋지 못했던 것 같아요. 축제 준비 때 제가 제대로 못해서 다른 일이 늦어져서 싫은 소리를 듣기도 하고… 저는 나름대로 좀 더 잘 하려고 하다 보니 시간이 걸린 건데 화부터 내니 몰라주는 것 같아 속상하기도 하고…

- 경험반영

- 생각반영

- 느낌반영

대상자: 부모님은 자꾸 나이가 드시는데… 휴학을 하게 되면 졸업이 늦어지고 지금도 힘드신데…

- 경험반영

- 생각반영

- 느낌반영

대상자: (목소리를 낮추며) 아까 말했잖아요. 그나마 위안이 되는 건 호형호제하던 주위 가게 사람들이죠. 서로 부둥켜안고 울면서도 모두 힘을 합쳐서 구청과 시에 대응한 거죠.

- 경험반영

- 생각반영

- 느낌반영

대상자: 선생님 이야기를 들으니 나만 그런 게 아닌 거 같아 조금 위안이 되네요.

- 경험반영

- 생각반영

- 느낌반영

대상자: 저는 친구들과 잘 지내고 싶은데 친구들이 제 말을 잘 들어주질 않아요. 어제 과제를 같이 하던 중 제 의견을 이야기했는데 다들 제대로 듣지 않는 것 같아요. (주먹을 꽉 쥐며) 내가 말할 때만 그러는 것 같아 정말 짜증났지만 끝까지 참았어요. 뭐… 나도 무시하면 되니까 상관없어요.

- 경험반영

- 생각반영

- 느낌반영

대상자: (창밖을 바라보며, 시큰둥한 모습으로) 이제 내 실력으로는 A 대학은 포기할래요. 그냥 B 대학이나 가야죠. 이제 속 편하게 생각하기로 했어요.

- 경험반영

- 생각반영

- 느낌반영

대상자: 저는 돈을 벌 수도 없고 그렇다고 애들을 도와줄 수도 없고, 쓸데없이 아프기나 하고, (쓴웃음을 지으며) 죽는 것도 쉽지 않으니, 제가 짐 덩어리죠.

- 경험반영

- 생각반영

- 느낌반영

대상자: (시선을 내리며) 저는 어릴 때부터 강아지나 개를 좋아했어요. 애견카페를 운영하는 것이 꿈이었지만 부모님은 제가 공무원을 하길 바라셨고, 반항 없이 부모님 뜻을 따라 열심히 공부해서 합격했죠. 음, 그런데 막상 공무원이 되어 보니 공허한 나날의 연속이에요. (목소리의 높이가 약간 강해지며) 제가 진정으로 원하는 것을 하고 살며 행복하고 싶어요.

- 경험반영

- 생각반영

- 느낌반영

대상자: (미간을 찡그리며) 가족여행은 커녕 가족사진 한 장 없는걸요. 고집스러운 아버지는 가부장적이셨고, 늘상 저와 어머니에게 고함치며 화내셨어요. 기집애가 집 밖에 나가지 말라고 하고 제약이 너무 많았어요. 남들처럼 평범하게 사는 것이 참 어려운 일인가 봐요.

- 경험반영

- 생각반영

- 느낌반영

대상자: (의자 깊숙이 앉아 허리를 숙인 채) 사람들이 저를 힐끔힐끔 쳐다보는 것이 기분 나쁘고, 마치 사회의 낙오자라고 비난하는 느낌이 들었어요.

- 경험반영

- 생각반영

- 느낌반영

대상자: (의자 끝에 앉아 눈을 깜빡이며) 저 빼고 직장 사람들이 모여 잡담하는 모습을 보면, 마치 제가 과거에 저지른 사소한 실수를 흠 잡아 이야기하는 것 같고, 잘못을 지적하듯이 바라보는 것 같아요.

- 경험반영

- 생각반영

- 느낌반영

대상자: (고개를 약간 숙인 채 손가락으로 무릎을 톡톡치며) 제가 뚱뚱해서 사람들이 저를 안 좋아하는 것 같아요. 친구관계도 오래 지속되지 못하고 쉽게 멀어지게 돼요. 저를 좋아하는지 반복해서 묻게 되고, 그게 좀 과해지니까 상대가 나를 많이 지쳐하는 것 같아요.

- 경험반영

- 생각반영

- 느낌반영

6 구체화

간략한 문장으로 표현하는 대상자의 말을 면담자가 알아듣는 것처럼 추론하고 넘어가는 것이 아니라 이에 대해 구체적으로 설명하도록 요구하는 것으로 대상자의 진술 내용을 풍부하게 하고 서로 오해가 발생하지 않도록 한다.

(만나자마자)
대상자: 오늘은 묘한 기분이 들어요.
면담자: 당신이 느끼는 묘한 기분에 대해 좀 더 구체적으로 이야기해 주시겠어요? (구체화)

■ 다음 예를 반영하기 기술을 사용하여 표현해보세요.

대상자: (고개를 숙인 채) 나만 없어지면 모든 게 다 잘 될 거야.
면담자: ______________________________

____

이번 주 실습에서 배운 내용을 간단히 쓰고 실습에서 의미있었던 점을 소감란에 자유롭게 기록한다.

실습일지

실습 5주	
실습 일시	
배운 내용	
소감	

6주
효율적 의사소통기법 실습 2

1 재진술

대상자의 진술 중 상황, 사건, 대상(사람, 동물, 사람), 생각에 대한 핵심내용을 면담자의 말로 바꾸어 되돌려 주는 기술이다.

대상자: (담담한 표정과 말투로) 열 살 무렵 부모님으로부터 버림 받고 친척집에서 자랐어요. 친척의 부당한 대우와 학대를 피해 열한 살 때 도망을 나왔어요. 이후 어른들에게 껌을 팔며 노숙과 다름없는 거리 생활을 시작했어요.

면담자: (대단하다는 듯 놀라며) 아니 열한 살 때부터 노숙생활을 했다고요?

대상자: (머쓱하니 웃으며) 생계를 위해 여러 일을 닥치는 대로 하기 시작했고 유흥업소에서 일을 하기도 했어요. 주변인들의 권유로 술과 마약에 중독되기도 했죠.

대상자: 선생님은 간호사라는 직업이 적성에 맞으세요?

면담자: (질문을 다시 확인한다는 듯한 태도로) 간호사가 제 적성에 맞냐고요?

- 재진술을 들은 후 느낌은?

---

2 초점 맞추기

대상자가 여러 가지 이야기를 산만하게 하는 경우 한 가지 주제에만 집중하게 하는 것으로, 대상자의 여러 가지 이야기 속에서 그중 중요한 주제라고 생각되는 말을 골라 이 주제를 중심으로만 이야기 나누도록 하는 것이다. 대상자가 문제의 핵심을 다루는데 불안을 이 핵심의 주제를 회피하는 상황에서 사용할 수 있다.

- 초점 맞추기 연습

면담자: 너는 민경이가 너에게만 관심을 보이지 않아서 화가 났구나!

대상자: 저는 민경이에게 화가 난 것이 아니라 선생님들이 그렇게 조를 짜준 것이 화가 나고 다른 친구들이 동조한 행동이 문제라고 생각해요.

면담자: 지금 우리가 이야기해 볼 문제는 민경이와의 관계인 것 같구나!

- 초점 맞추기를 들은 후 느낌은?

---

3 요약하기

대상자가 말한 둘 이상의 언어적 표현의 요점을 간추려서 면담자의 말로 되돌려 주는 기술로, 요약내용에는 대상자의 경험, 상황, 대상 또는 생각과 관련된 감정이 포함되며, 재진술과 반영이 가미된 기술이다.

▪ 요약하기 연습

- 두 사람씩 짝지어 찬성과 반대 입장을 정한다.
- 찬성 입장을 3분 동안 이야기한다(규칙: 듣는 사람은 말하지 않는다).
- 들은 대로 찬성 내용을 요약하여 들려 준다.
- 반대 입장을 3분 동안 이야기한다(규칙: 듣는 사람은 말하지 않는다).
- 들은 대로 반대 내용을 요약하여 들려 준다.

▪ 요약하기를 들은 후 느낌은?

---

4 칭찬

상대방의 생각과 행동을 칭찬할 때는 부대 상황보다는 주체 상황을, 외부요인보다는 내부요인을 칭찬하되, 서술적인 용법으로 타인과 비교하기보다는 상대방 그 자체를 칭찬해야 한다.

▪ 칭찬 예시

면담자: (분홍색의 옷을 입고 웃으며 들어온 대상자에게) 분홍색 셔츠를 입고 환하게 웃으며 들어오시니 방이 환하게 밝아지는 것 같습니다.

대상자: (환한 표정으로) 그런가요. 왠지 오늘은 날씨가 좋아서 밝은 색 옷을 입고 싶었어요. 선생님 말을 들으니 기분도 좋아지는 것 같네요.

▪ 칭찬 연습

2명씩 짝을 지어 서로를 1분 동안 주시 후 각각 1명씩 상대방 장점 3가지를 찾아 칭찬한다.

▪ 칭찬을 들은 후 느낌은?

---

5 자기노출

면담자가 치료적 목적으로 대상자에게 자신의 개인적인 경험을 드러내는 것으로 면담자의 과거 경험을 기꺼이 공개함으로써 내담자가 새로운 시각으로 문제를 해결하거나 문제 상황을 극복하기 위한 행동을 실천할 수 있도록 돕는 기술이다.

대상자: (속상하다는 듯) 결혼 전의 아내는 이슬만 먹고 살 것 같더니 결혼 후에 보니 꾸미지도 않고 집에서 방귀를 뀝니다.

면담자: (담담한 표정과 목소리로) 그래서 어떻게 했나요?

대상자: (후회하는 듯한 표정으로) 핀잔을 주었더니 집을 나올 때까지 아내의 안색이 좋지 않았어요.

면담자: (담담한 표정과 목소리로) 얼굴표정을 보니 지금은 그렇게 말한 걸 후회하는 것 같군요. 저는 코골이가 심한데 피곤한 날은 더 심하죠. 한번은 제 코골이 소리에 자다가 깬 적도 있어 아내에게 물어보니 결혼 후 언젠가부터 술 마시고 들어온 날은 코를 심하게 골았다고 하더군요. 저의 아내는 코골이 소리가 들리면 '아 우리 남편이 숨은 쉬는구나'라고 생각한다는 거예요.

- 자기노출을 들은 후 느낌은?

---

6 명료화

대상자의 의사소통 이면에 잠재되어 있는 표현되지 않은 사고와 느낌을 인식하여 추정하고, 이를 대상자에게 분명하게 전달함으로써 명료화의 초점은 대상자가 표현하지 않은 느낌을 드러내도록 돕는다.

- 명료화 연습

대상자: (힘없이) 오늘 하루 내내 아무도 찾아오지 않았어요. 심지어 우리 가족들조차도요.

면담자: 당신은 가족들에게 버림받았다고 생각하시는군요.

대상자: 그렇잖아요. 전화 한 통도 없고…

면담자: 오늘 많이 외로우시군요.

- 명료화를 들은 후 느낌은?

■ 효율적 의사소통기법 적용 연습 예

상담사: (웃으며) 반갑습니다.

지 민: (어색하게 웃으며) 안녕하세요.

상담사: (미소를 띄우며) 네. 저는 상담사 김희숙입니다. 성함이 어떻게 되세요?

지 민: (무표정한 목소리로) 네, 저는 박지민입니다.

상담사: (대상자를 보며 차분하게) 그렇군요. 상담을 신청해서 오늘 이 자리에 와 계신데요. 어떻게 오게 되셨나요? ( )

지 민: (망설이는 듯) 음…

상담사: (대상자를 바라보며)… ( )

지 민: (담담한 목소리로) 세상에 믿을 사람이 없는 것 같아요…

상담사: (차분한 목소리로) 누가 누구를 믿을 수 없다는 거죠? ( )

지 민: (담담한 목소리로) 저는 세상 사람을 아무도 믿지 않아요.

상담사: (대상자에 집중하며) 그렇게 말씀하시는 이유를 자세히 이야기해 주시겠어요? ( )

지 민: (한숨을 쉬며) 세상에서 제일 믿었던 친구가 저를 배신했어요.

상담사: (차분하게) 친구가 당신을 어떤 식으로 배신했나요? ( )

지 민: (내가 왜 그랬을까 하는 듯 후회하며) 제가 최근에 큰 고민이 있었는데, 혼자 고민하느니 함께 공유하는 게 낫겠다 싶어서 제 고민을 친구에게 털어놨어요. (얼굴을 약간 찡그리며) 근데 그친구가 저의 얘기를 다른 친구들에게 말해버렸어요.

상담사: (담담한 목소리로 대상자를 보며) 친구가 내 비밀을 다른 친구에게 말해버렸다고요? ( )

지 민: (한숨을 쉬며) 네…

상담사: (안타까운 표정으로) 아… 제일 친한 친구에게 비밀을 털어놓았지만, 그 친구는 믿음을 깨는 행동을 해서 소중한 친구를 잃어버린 상실감이 크겠군요. (,)

지 민: 네… 저는 그 친구가 그렇게 할 줄 몰랐어요. (고개를 숙이며) 사람이 정말 무섭고… 속상해요.

상담사: (마음을 이해한다는 표정과 목소리로) 지민씨가 얼마나 힘들지를 생각하니 저도 속상하군요. ( ) (부드러운 표정과 목소리로) 저도 제 고민을 친구에게 털어놓은 적이 있었는데 다른 친구가 그 이야기를 해서 배신감을 느껴 잠을 잘 못 잔 적도 있었어요. ( )

■ 자신의 고민을 상대방과 치료적 의사소통기법을 사용하여 이야기해 본다.

〈참고자료〉

1. 골목식당 팥칼국수집 https://youtu.be/zY6q1v5ldeQ
2. 굿윌헌팅의 치료사가 주인공에게 아내에 대한 이야기하는 장면 https://youtu.be/VdYJqO0KqGg
3. 강진령(2016). 상담연습, 치료적 의사소통기술. 학지사.

이번 주 실습에서 배운 내용을 간단히 쓰고 실습에서 의미있었던 점을 소감란에 자유롭게 기록한다.

실습일지

실습 6주	
실습 일시	
배운 내용	
소감	

7주

청소년 대상자와의 의사소통

활동 7-1 청소년과의 의사소통 시나리오와 [영상]을 보고 2인 1조로 역할극을 해본다.

우울한 사랑이 이야기 효율적 의사소통 영상

고등학교에 재학 중인 사랑이는 가정불화로 오랫동안 우울감을 느끼고 있었다. 최근 실시한 자살사고 검사에서 위험군으로 분류되어 상담을 시작하게 되었고, 자살시도를 한 과거력이 있다는 것을 알게 되었다.

번호	면담자의 행동 및 대화	대상자의 행동 및 대화	효율적 의사소통기법
1	사랑아! 지금 선생님이 너하고 이야기하고 싶은데 너는 어떠니?	(경계하는 듯한 자세로) 왜요?	존중/ 개방적 질문
2	(다정한 표정으로 안심시키듯) 너는 이유가 무엇이라고 생각하니?	(어두운 표정으로) 심리검사 결과 때문인가요?	개방적 질문
3	아! 너는 내가 보자고 한 이유를 심리검사 결과 때문이라고 생각하는구나!	(기운 없는 작은 목소리로) 네…	생각반영
4	사랑아! 너무 힘이 없어 보이는구나! 혹시 무슨 일이 있니?	(눈물을 글썽이며 침묵하다가) 다 소용없는 거 같아서요…	행동반영/ 개방적 질문
5	다 소용없다고? 이에 대해 자세히 이야기해 볼래?	사실 아버지 없이 살면서 우리 엄마가 저를 위해 건강이 좋지 않음에도 불구하고 주말도 없이 일하면서 매일 밤늦게 들어오시는데… 저는 이 모양이니까요.	재진술/ 초점 맞추기/ 구체화
6	너를 위해 아버지도 없는 상황에서 엄마가 고생스럽게 일하시는데, 너가 도움이 못 된다는 말이구나!	(어두운 표정으로) 이렇게 도움이 안 될 바에야 없는 게 더 나을 거 같아요.	생각반영
7	만약 너가 어머니에게 도움이 되려면 어떻게 하면 된다고 생각하니?	사실 초등학교 때 아버지가 아프셔서 회사에서 해고당하고 계시면서 빚을 많이 졌어요. 아빠는 집을 나가서 연락을 끊고 잠적해 버리니까 엄마는 너무 힘드셨을 거예요. 그런데 엄마는 그래도 저를 지켜주고 계신데… 저도 저 할 일을 하는 게 도움이 되는 거겠죠.	개방적 질문
8	야! 대단하다! 고등학생으로 네가 할 일을 하는 것이 엄마에게 도움되는 일이라는 것을 어떻게 알게 되었지?	엄마가 항상 말씀하시길 내가 고생하는 거 걱정하지 말고 학교생활을 잘 하는 게 도와주는 거라고 했기 때문이죠. 그럼에도 불구하고 집안을 돌보지도 않고 나가버린 아빠가 원망스러워 아무것도 하기 싫었어요.	칭찬/ 개방적 질문

9	(어깨를 다독거리며) 이런 상황에서 정말 네가 힘들었겠구나!	네! 하지만 엄마가 걱정하실까 봐 집에서 힘들다는 이야기도 못했어요. 엄마가 일 다녀와서 저한테 화를 내도 말대꾸 안하고 꾹 참아요. 저는 다른 사람한테 피해를 줄까 봐 항상 조심해요.	명료화
10	사랑이가 말하는 피해를 준다는 건 어떤 것을 의미하는 거니?	(잠시 침묵하다가 힘없는 목소리로) 그냥… 제 중심으로 표현하는 모든 것이 다른 사람에게는 피해라고 생각해요.	초점 맞추기/ 개방적 질문
11	거기에 대해 구체적으로 예를 들어서 얘기해 볼 수 있니?	저번에 절친에게 아빠가 책임감도 없이 우리를 버려서 한번 연락됐을 때 울고불고 하면서 제가 따졌다는 이야기를 했더니 너가 그렇게 하니 너희 아빠가 일부러 안 받는 거라고 이야기했어요.	초점 맞추기/ 구체화
12	그 말에 대해 넌 어떻게 생각해?	그 이야기를 들으니 '아! 다 내 잘못이구나!' 라는 생각이 들었어요. 사실 엄마가 일주일에 세 번 정도는 술을 드시는데, 술 먹고 취하는 날 엄마가 저 때문에 힘들다고 한 적이 있거든요. 그래서 '내가 있어 일이 이렇게 되는 구나…' 라는 생각이 자꾸 들어요.	개방적 질문
13	사랑아! 너의 집에 일어나는 모든 힘든 일이 너의 존재 때문이라고 생각하는구나.	그렇잖아요. 이렇게 폐를 끼치는 것 보다는 없어지는 게 낫잖아요.	생각반영
14	(손을 잡으며) 사랑아! 네가 살아서 부모에게 폐를 끼치기보다 죽어 없어지는 것이 너희 부모를 더 편안하게 만든다는 말이구나.	(눈치를 보며) 네… 사실은… 자살시도를 두 번 정도 했어요. 첫 번째는 엄마가 말려서 못했고 두 번째는 아무도 몰라요.	명료화
15	얼마나 힘들었으면… 네가 그랬을까 생각하니 듣는 내 마음이 아파.	(고개를 숙이며 침묵하며) ……	공감
16	말하고 싶지 않겠지만 어떤 상황일 때가 가장 힘드니?	나 때문에 힘들다는 말을 들을 때요. 특히 엄마로부터 ……	개방적 질문
17	선생님도 어릴 때 그런 말을 들었을 때 너처럼 정말 힘들었어.	저는 성격이 덜렁거리고 잘 잊어버리고, 먹은 것도 안 치워요. 숙제도 안하고… 대부분 하기 싫으면 안 해요. 안 하는 순간이 편하고 좋아요. 걱정도 조금 되지만요. 저번에 엄마가 저를 혼내면서 나 때문에 힘들다고 할 때 순간 내가 죽으면 다 해결되겠다는 생각이 들어서 너무 죽고 싶었는데 엄마가 옆에 있어서 시도를 못 했어요.	자기노출을 통한 공감
18	사랑이는 엄마가 화내면서 너 때문에 힘들다고 하면 죽고 싶은 마음이 커지는가 보구나!	(수긍하는 태도로) 그런데 그런 생각조차도 안하고 있을 순 없잖아요. 그게 더 나쁜 것 같아요. 더 나쁜 애가 되면 안 되잖아요.	생각반영

19	그런데 선생님과 면담을 시작하면서부터 지금까지 사랑이가 계속 하고 있는 말이 있는데 그게 뭘까?	글쎄요. 폐 끼치면 안 된다는 말?	개방적 질문
20	그래! 맞아! 너는 계속 부모님이 걱정되고, 미안하고, 폐를 끼치면 안 된다는 말을 해왔어. 이런 말들이 너의 어떤 마음에서 비롯된다고 생각해?	글쎄요… 그냥… 미안하니까…	칭찬/ 개방적 질문
21	참! 지난 번 MBTI 검사에서 너의 성격 유형이 뭐였니?	잔다르크형이요.	MBTI 강점 성격 특성 활용/ 개방적 질문
22	(놀라며) 와! 잘 기억하고 있는데? 그럼 잔다르크 성격 유형에 어떤 특성과 좋은 점이 있었지?	상대에게 따뜻한 마음을 가지고 배려도 잘한다고 해석해 주셨잖아요.	칭찬/ 개방적 질문
23	그래 맞아. 인생에 대한 고뇌도 많이 하는 유형으로 함께 하는 좋은 삶에 대해 어떤 유형보다 깊은 성찰을 하는 좋은 장점을 가진 유형이라고 설명되어 있어.	(수긍하며) 그렇긴 하지만… 사실 좀 편해지면 주변에서 시키거나 해야 하는 일을 안 해요. 하기 싫어요. 그 시간에 강아지와 놀고 책 읽고 그런 게 편해요. 엄마는 제발 저보고 큰 거 안 바란다고 내가 먹은 거라도 좀 치우래요.	MBTI를 활용한 강점에 대한 정보 제공
24	그런데 혹시 엄마를 기분 좋게 해드렸던 적은 언제였어?	(눈을 반짝이며 생각하다가) 아~ 얼마 전에 엄마를 위해서 게으름을 안 부린 날이 있었어요.	해결중심치료의 예외 질문/ 개방적 질문
25	(미소 지으며) 우와~ 그 얘기 좀 자세히 해볼래?	그날 하루는 엄마를 위한 날이라고 제가 엄마한테 선포하고 설거지랑 방청소를 해놨어요.	초점 맞추기/ 구체화
26	그래서 어떻게 됐니?	(기억을 더듬으며) 엄마가 네가 웬일이냐고 하면서 맨날 이렇게 좀 하라고 말하셨고, 잘했다고 말씀은 안 하셨지만 좋아하시는 거 같았어요.	개방적 질문
27	그런 엄마를 보는 너는 어땠어?	(미소 지으며) 뿌듯했고 제 기분이 좋아졌어요.	개방적 질문
28	(환한 표정을 지으며) 사랑이는 너 스스로 기분을 좋아지게 하는 방법도 알고 있는 것 같은데… 그게 뭘까?	그러게요. 내가 생각을 좀 바꿔서 엄마에게 도움이 되는 행동을 하면 엄마가 좋아하고 그걸 보면서 내가 필요한 존재라는 걸 알게 되서 제 기분도 우울하지 않고 좋아지는 거 같아요.	칭찬/ 개방적 질문
29	와~ 대단하네. 그걸 알아차리니… 그럼 다음 면담 시간에 만날 때 너를 기분 좋게 한 행동 한 가지만 실천하고 오는 건 어떨까?	네. 그럴게요.	칭찬/ 개방적 질문 (과제 주기)

활동 7-2 청소년과의 효율적 의사소통 사례를 직접 작성해 보고 2인 1조로 역할극을 해본다.

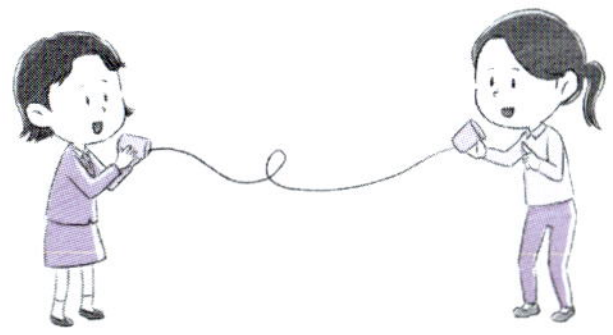

상황:

번호	면담자의 행동 및 대화	대상자의 행동 및 대화	효율적 의사소통기법
1			
2			
3			
4			
5			
6			
7			
8			
9			
10			
11			
12			
13			
14			
15			
16			
17			
18			
19			
20			

이번 주 실습에서 배운 내용을 간단히 쓰고 실습에서 의미있었던 점을 소감란에 자유롭게 기록한다.

실습일지

실습 7주	
실습 일시	
배운 내용	
소감	

8주

노인 대상자와의 의사소통

활동 8-1 노인과의 의사소통 시나리오와 [영상]을 보고 2인 1조로 역할극을 해본다.

걱정이 많은 김정분님 이야기

효율적 의사소통 영상

대상자는 80세 노인으로 현재 남편과 둘이 살고 있으며, 슬하에 3남매를 두었다. 최근 경제가 어렵다는 뉴스를 자주 접하면서 자녀들에 대한 걱정이 많고, 자녀들 걱정에 다소 우울한 나날을 보내고 있어 남편이 아내를 데리고 상담을 신청하였다. 특히 최근 퇴행성관절염 등이 악화되고 청력도 감소되면서 평소 자주 다니던 경로당에도 나가지 못해 힘들어 하고 있다.

번호	면담자의 행동 및 대화	대상자의 행동 및 대화	효율적 의사소통기법
1	안녕하세요? 저는 여기서 상담을 하고 있는 안정화라고 합니다. 성함이 어떻게 되세요?	(잘 안 들리는 듯 귀에 손을 갖다 대며) 뭐라고? 이름은 왜?	존중/ 개방적 질문
2	(발음을 정확하게 하면서 천천히) 제 말이 잘 안 들리시군요.	(고개를 끄덕이며) 아~ 이제는 잘 들려.	행동반영
3	제가 뭐라고 불러 드려야 할까 해서 성함을 여쭤봤습니다. 불편하시면 말씀하지 않으셔도 된다.	(안심한 듯 큰 소리로) 아, 김정분. 좀 촌스럽지요?	존중/ 정보 제공
4	(미소를 머금고) 정감이 가는 이름이네요. 그럼 김정분님이라고 부르겠습니다.	(손사래를 치며) 에이~ 그렇게 말 안 해도 돼요.	존중
5	김정분님! 오늘 무슨 일로 오셨는지요?	(어두운 표정으로) 글쎄요. 그냥 남편이 오자고 해서…	개방적 질문
6	그런데 표정이 좀 어두워 보이시는데 무슨 걱정 있으세요?	(약간 미소를 지으며) 원래 나이 들면 걱정이 많아요.	행동반영/ 개방적 질문
7	네, 그렇다고 저도 생각하지만… 지금 김정분님의 걱정은 무엇인가요?	(머뭇거리며) 선생님 혹시 상담료를 내야 해요?	공감/ 개방적 질문
8	상담비 때문에 걱정되시는군요.	지금 경제가 많이 어렵잖아요. 우리 애들도 많이 힘들어요.	명료화
9	자녀분들도 경제적으로 어려우시다구요?	그렇죠. 내가 돈이 있어서 도와주면 좋은데… 나는 이제 돈도 못 버는데, 쓸데없이 아프기나 하고, (쓴웃음 지으며) 죽는 것도 쉽지 않으니 제가 짐 덩어리죠.	재진술
10	김정분님이 혹시나 경제 형편이 어려운 자녀분들께 짐이 될까 많은 걱정을 하고 계시는군요.	제가 자주 아팠어요. 그래서 여러 모로 돈이 많이 들어갔는데, 요새는 뉴스를 봐도 경제가 어렵다고만 하니 내가 짐덩어리 같고 걱정이 많죠. (침묵)	생각반영

11	(눈을 맞추고 손을 잡아줌) ……	이제 나이가 들어서 아무 것도 해 줄 수도 없는데, 그런 뉴스를 볼 때마다 내가 살아 있는 게 죄를 짓는 거 같아요.	존중/ 침묵
12	뉴스를 볼 때마다 그런 생각을 계속하셨으니 얼마나 힘드셨을지 마음이 아픕니다.	내가 힘든 건 괜찮은데… 애들한테 미안하죠.	공감
13	김정분님이 힘든 것보다 자녀들이 더 걱정된다는 말씀이시군요.	그렇지요. 걱정은 되는데 바쁠까봐 연락하기도 어렵고, 연락도 잘 안 오고 그저 혼자만 생각하는 거지…	생각반영
14	(조용히 눈을 간간히 마주치며) ……	다들 밖에서 늦게 들어오니깐… 목소리도 듣고 싶은데, 어떨 땐 미안하다가도 원망스럽기도 하고, 안부라도 전해주면 좀 마음이 편안할 텐데.	침묵
15	자녀분들과의 관계가 소원해져 더 힘드시군요.	내가 원래 걱정이 많기도 하고 외롭기도 한 거 같아요. 영감은 나이가 들어도 여전히 무뚝뚝하고, 애들 얘기만 하면 목소리가 커지니 얘기할 곳이 있어야지요. (애써 웃음을 지음)	명료화
16	그동안 답답한 마음을 참고 있었으니 얼마나 힘드셨을지 이해가 됩니다	몸이 안 아플 때는 아파트 경로당에 가서 화투도 치고 사람들과 이야기하다 보면 괜찮아졌는데, 요새는 그것도 귀찮아서 안 나가고…	공감
17	건강이 좀 괜찮을 때는 경로당도 나가서 사람들도 만나고 하셨군요.	내가 원래는 사람들과 어울리는 것을 좋아해서 경로당가면 다들 좋아했어요. 요새도 왜 안 나오느냐고 자꾸 전화는 오는데 몸이 힘드니까…	생각반영
18	사람들과 어울리고 함께 지내는 것을 좋아하시는데 요즘 몸이 안 좋아 경로당도 못나가니 많이 답답하시겠어요.	그때도 딴 사람들은 혼자니까 종일 경로당에 있는데 나는 영감 때문에 집에 와서 밥 챙겨줘야 해서 놀다 중간에 집에 와야 했어요.	요약/ 명료화
19	그때도 남편을 챙겨야 해서 마음 편히 경로당에서 지내지 못하셨네요.	(속상하다는 듯) 예. 내 나이가 지금 80인데… 이 나이 되도록 나는 맨날 가족들 챙기느라 한 번도 내하고 싶은 대로 못한 것 같아요. 그런데 자식들은 지금은 자기 살길 바쁘다고 연락도 잘 안하고… 남편도 내가 아프다고 해도 나 몰라라 하고…	생각반영
20	김정분님은 평생 하고 싶은 것도 참아가며 가족들을 돌보느라 애썼는데, 정작 김정분님이 힘들 때 가족들이 나 몰라라 하는 것 같은 생각이 들어 섭섭하시군요.	그렇죠. 애들도 바빠서 그렇겠지만 전화는 할 수 있잖아요. 영감이랑 말이라도 통하면 덜 답답할 텐데…	명료화
21	남편분과 이야기하는데 어떤 어려움이 있는지 구체적으로 말씀해 주실 수 있으세요?	무슨 말만 하면 고함을 지르고 화를 내요. 서로 귀가 잘 안 들려서 그런가? 목소리만 커지고…	초점 맞추기/ 구체화
22	아… 귀가 잘 안 들리니 목소리가 커지는군요. 지금 제 말 소리는 어떠세요?	예, 이렇게 조용한 데서 말할 때는 잘 들려요.	생각반영/ 개방적 질문

23	그러시군요. 나이가 들면서 귀나 눈의 기능이 떨어지는데 귀가 잘 안 들릴 때는 서로 쳐다보고 입 모양을 보면서 이야기를 하시는 것이 도움이 돼요. 그리고 목소리를 크게 하기보다는 천천히 또박또박 말씀하시는 게 알아듣기가 쉬울 거예요.	그러게요. 영감이 내 뒤통수에 대고 뭐라고 하는데 그때는 더 못 알아듣겠더라구요. 성격은 급해서 못 알아들으면 또 짜증내고… (체념한 듯) 그래도 없는 것보다는 나아요.	정보 제공
24	(미소 지으며 큰 소리로) 어른들 속담에 효자보다 악처가 낫다고 하던데 김정분님 말씀을 들으니 그 말이 맞는 것 같군요.	(목소리가 커지며) 옛말이 틀린 게 있나요? 맞는 게 많아요. 사실 우리 나이에는 언제 어떻게 될지 모르는데… 혼자 있다 죽었는지 살았는지도 모르고…	유머
25	역시 남편분이 의지가 된다는 말씀이시네요.	그렇죠. 영감이 있으니 억지로라도 밥도 챙겨 먹게 되고 뭐라도 내가 움직여야 되니… 약이라도 챙겨 먹게 되고… (웃으며) 그러고 보니 좋은 점도 있네.	명료화
26	(눈을 맞추며 큰 소리로) 오늘 처음 웃으셨는데… 지금 기분은 좀 어떠세요?	(웃으며) 요즘 계속 몸도 아프고 우울한 생각에 빠져서 영감도 귀찮다고 생각해서 짜증을 냈는데, 생각해보니 영감마저 없었으면 어쩌나 하는 생각이 드네요.	행동반영/ 개방적 질문
27	일반적으로 어르신들이 몸이 아프면 기분도 더 우울해지고, 우울해지면 짜증이 늘어 사람들과 관계도 나빠지는 경우가 많더라구요.	정말 그런 것 같아요.	정보 제공
28	우울할 때는 집안을 밝게 하거나 밖에 나가 햇볕을 쬐면 도움이 돼요. 남편 분과 하루에 한두 번씩 집 앞으로 산책을 나가시면 도움이 될 것 같아요.	예. 이제 영감한테 잔소리 덜하고 아파트 옆 공원을 한 바퀴씩 돌아야겠어요.	정보 제공
29	예, 그래도 우울한 기분이 지속되면 정신건강복지센터에서 상담을 받아보시면 도움을 받으실 수 있어요.	(놀란 듯) 정신 뭐요? 난 그런데는 안 가고 싶은데…	정보 제공
30	(손을 잡고 안심시키며) 산책도 하시고 남편과 이야기도 나누시고 경로당도 다시 다니게 되면 안 가셔도 돼요. (센터 안내책자를 건네며) 혹시 계속 나빠지시면 도움을 받을 수 있는 곳이 있다고 미리 알려드리는 거니까 집에 가셔서 한번 읽어보세요.	(안심한 듯) 아. 예~ 알아두면 급할 때 쓸모가 있겠지? 그래도 오늘 선생님과 이야기하고 나니 좀 마음이 편해졌어요.	정보 제공
31	저와 이야기 나눈 게 도움이 되셨군요.	고맙습니다.	명료화

활동 8-2 **노인과의 효율적 의사소통 사례를 직접 작성해 보고 2인 1조로 역할극을 해본다.**

상황:

번호	면담자의 행동 및 대화	대상자의 행동 및 대화	효율적 의사소통기법
1			
2			
3			
4			
5			
6			
7			
8			
9			
10			
11			
12			
13			
14			
15			
16			
17			
18			
19			
20			

이번 주 실습에서 배운 내용을 간단히 쓰고 실습에서 의미있었던 점을 소감란에 자유롭게 기록한다.

실습일지

실습 8주	
실습 일시	
배운 내용	
소감	

9주
분노한 대상자와의 의사소통

활동 9-1 분노 대상자와의 의사소통 시나리오와 [영상]을 보고 2인 1조로 역할극을 해본다.

동생 때문에 자주 분노하는 민경이 이야기

효율적 의사소통 영상

대학교 1학년인 민경이는 자신의 물건을 마음대로 쓰는 동생 때문에 자주 화가 난다. 오늘도 동생과 크게 싸우고 집을 나왔는데도 동생에 대한 분노가 가라앉지 않아서 집 전화도 받지 않자 어머니가 급히 주선하여 어머니가 아는 유료 상담실에서 상담을 받게 되었다.

번호	면담자의 행동 및 대화	대상자의 행동 및 대화	효율적 의사소통기법
1		(흥분해서 씩씩거리며 상담실에 들어와 문을 쾅하고 소리 나게 닫으며 혼잣말처럼) 에이씨~ 내가 왜 여기 와야 해?	
2	(차분한 목소리로) 지금 화가 많이 났군요! 그럼에도 불구하고 이렇게 방문했으니 대단하시네요.	(여전히 씩씩거리며 의아한 눈길로 면담자를 쳐다본다)……	명료화/ 칭찬
3	나는 상담가 박경란입니다. 오늘 처음 만나서요. 지금부터 내가 뭐라고 부르면 될까요?	(여전히 퉁명스럽게 던지듯이 말하며) 그냥 민경이라 부르세요.	존중/ 개방적 질문
4	민경씨 상담실에 오기 전에 많이 망설여졌을 텐데 이렇게 방문해 줘서 고마워요. 오늘 상담실을 이렇게 방문한 이유는 뭐라고 생각하나요?	(큰 목소리로) 우리 엄마는 이상해요. 사실은 제가 올 일이 아니고 동생이 와야 하는데… 우리 엄마는 항상 그래요. 동생편만 들고… 친한 친구에게 이야기해서 나 상담받도록 사주나 하거든요. 우리 엄마 말만 듣고 상담하시려고 하면 저는 상담 안 할 거예요.	칭찬/ 개방적 질문
5	민경씨가 생각하기에 상담은 동생이 해야 하는데 엄마가 민경씨에게 상담하러 가라고 해서 많이 속상했군요.	(격앙된 목소리로) 우리 엄마는 정말 나빠요. 오늘도 그랬어요. 동생이 내 옷을 입고 가서 너무 화가 나서 내가 "입지 말라고!" 하며 소리치고 베개를 던지고 문을 발로 찼어요. 그런데 그 년이 자기가 한 일은 쏙 빼고 엄마한테 고자질해서 엄마가 내 말은 듣지도 않고 나한테 왜 그러냐고 소리치고 욕했어요. 엄마는 맨날 내 말은 들어보지도 않고 나보고 잘못했다고 해요.	명료화
6	동생이 잘못했음에도 불구하고 엄마는 민경씨 말은 안 듣고 민경씨가 잘못했다고 해서 정말 억울하겠네요.	(잠시 책상을 탁 치며) 아휴 정말~ 엄마는 언니가 돼서 동생이 옷 한번 입는 것도 이해 못하냐고 하는데… 옷이 문제가 아니잖아요. 정말 엄마가 아니라 계모 같아요.	명료화
7	아~ 엄마가 친엄마가 아닌 것으로 생각될 정도로 화가 났군요.	(한숨 쉬며) 우리 엄마는 나만 이상한 사람으로 몰아요. 어릴 때부터 내가 속상해서 울면 운다고 혼내고… 집안일 돕지 않는다고 혼내고… 너무 많아서 다 말할 수 없어요.	명료화

8	또 어떤 일이 있었는지 더 구체적으로 이야기 해 줄 수 있어요?	초등학교 때 학교 가기 전에 엄마한테 머리를 묶어달라고 했는데 머리는 안 묶어 주고 제 머리를 잘라서 하루 종일 울었어요.	구체화
9	아! 민경씨 이야기를 들으니 선생님도 어릴 때 공주머리로 묶어달라고 했는데 징징거린다고 엄마가 미장원에 데려가서 숏커트를 시켜 버렸던 일이 생각나서 이해가 되네요.	(목소리를 톤이 낮아지며) 아! 선생님도 그런 일이 있었군요.	자기노출을 통한 공감
10	그때 어린 마음에 얼마나 속상했는지 몰라요.	(호기심 어린 눈빛으로) 선생님 이야기를 들으니 나만 그런 게 아닌 거 같은데, 선생님 이럴 때 어떻게 하면 돼요?	자기노출을 통한 공감
11	민경씨는 그때 울다가 그 다음은 어떻게 했나요?	거의 하루 종일 방에 쳐박혀서 울고 있었는데 마침 집에 고모가 오셔서 고모랑 외출했었어요.	개방적 질문
12	(관심을 가지고) 민경씨가 따라 간 고모는 어떤 분이신가요?	(목소리가 밝아지며) 그 고모는 아직 시집을 안 갔는데… 친할머니와 사이가 안 좋은데… 저한테는 항상 편이 되어주세요.	개방적 질문
13	(같이 밝아지며) 아~ 그 고모님은 민경씨 편이시군요.	그래서 제 이야기를 듣고 우리 엄마한테 대신 따져 주기도 해서 우리 엄마와 사이가 좋지는 않아요.	생각반영
14	그 고모님은 민경씨의 편을 들다가 엄마와 사이좋지 않음에도 불구하고 힘이 되어 주시는군요.	그래서 고마워요. 그 날도 데리고 나가서 미장원에서 머리도 예쁘게 손질하도록 해 주고 모자도 사 주었어요.	생각반영
15	와~ 평소 민경씨가 고모에게 어떻게 했길래 고모가 그렇게 해 주시죠?	지난 번 명절에 친할머니가 고모가 시집을 안 간다며 혼낼 때 제가 고모편이 되어 주었어요. 우리 엄마랑 친할머니랑 비슷해서 좀 이상해요.	이야기치료 기법 질문/ 개방적 질문
16	이제까지 들은 것을 요약해 보니 고모가 민경씨에게 일방적으로 잘 해주는 것이 아니고, 민경씨가 어림에도 불구하고 고모의 든든한 편이 되어 주는 군요.	(기억난다는 듯이) 참! 우리 고모가 제가 어린 애 같지 않게 생각이 바르고 똑똑하대요.	요약/ 명료화
17	혹시 그런 민경씨의 모습에 대해 고모 말고 또 알아준 사람이 있나요?	글쎄요? 아~ 지난번에 우리 엄마가 자기 친구들과 이야기하는 걸 우연히 엿들었는데, 저를 빗대어 자기한테는 대들고 동생을 때리고 못됐지만 자기 일은 똑부러지게 한다고 하대요.	이야기치료 기법 질문/ 개방적 질문
18	그럼 엄마가 어린 동생 편을 들지만 민경씨의 똑부러지게 야무진 부분은 인정하고 계시는군요.	그러고 보니 그러네요. 우리 엄마가 동생이 잘못했을 때는 동생을 말로라도 좀 야단쳐 주면 제가 대들고 그러지 않을 건데…	생각반영
19	(환한 표정과 목소리로) 아니 그런 걸 알아차리다니… 정말 민경씨는 똑똑한 거 같아요.	선생님도 그렇게 말씀해 주시니 이제 화가 좀 가라앉네요.	칭찬

20	(다행스러운 표정으로) 처음 왔을 때보다 조금 편안해졌다는 말이군요.	네, 이제 생각해 보니 그 기집애와 엄마가 밉지만 저도 소리치고 베개 던지고 문을 발로 찬 것은 좀 잘못했네요.	느낌반영
21	그럼 이 문제를 해결하기 위해서 무엇을 해보면 좋겠어요?	엄마하고 동생한테 먼저 화 내지 않고 말해보고 싶어요. 이때까지는 아무 말도 안하고 그냥 지나갔어요. 그래서 속상함이 늘 남아있었거든요.	개방적 질문
22	보통 스트레스가 심해서 화가 나거나 분노할 때 심호흡과 나-전달법 등은 이를 잠시라도 가라앉히는 좋은 대처방법으로 상담가들이 많이 알려주는데 민경씨도 배워보면 어떨까요?	(호기심을 가지며) 네~ 배우고 싶어요.	정보 제공/ 개방적 질문
23	(리플렛을 주고) 심호흡은 조용한 방에 편하게 앉아서 눈을 감고 코로 숨을 크게 들이쉬고 입으로 천천히 내뱉는 것인데, 화가 날 때 이를 10회 정도 해 보는 것이고요. 나-전달법은 "나는 엄마가 내 말은 들어주지도 않고 동생 편만 드니 난 큰 딸임에도 불구하고 무시당하는 것 같아 화가 나."라고 있는 그대로 언급하고 이로 인한 속상함을 솔직하게 표현함으로써 엄마의 행동이 내게 미치는 영향을 말로 알리는 것이에요. 이런 경우 상대방은 자신이 한 행동이 상대에게 상처를 준다는 것을 알아차리도록 해서 같은 행동을 반복하지 않도록 하는 효과가 있거든요.	(리플렛을 챙기며) 가르쳐 주셔서 감사해요. 오늘 이후 또 이런 일이 발생하면 선생님 설명을 기억하고, 여기 책자에 있는 것을 읽어 보고 심호흡과 나-전달법을 사용해 볼게요.	정보 제공

활동 9-2 분노 대상자와의 효율적 의사소통 사례를 직접 작성해 보고 2인 1조로 역할극을 해본다.

상황:

번호	면담자의 행동 및 대화	대상자의 행동 및 대화	효율적 의사소통기법
1			
2			
3			
4			
5			
6			
7			
8			
9			
10			
11			
12			
13			
14			
15			
16			
17			
18			
19			
20			

이번 주 실습에서 배운 내용을 간단히 쓰고 실습에서 의미있었던 점을 소감란에 자유롭게 기록한다.

실습일지

실습 9주	
실습 일시	
배운 내용	
소감	

10주

자살위험 대상자와의 의사소통

활동 10-1 자살위험 대상자와의 시나리오와 [영상]을 보고 2인 1조로 역할극을 해본다.

자신의 이야기를 나눌 친구가 없는 슬기 이야기 ▶ 효율적 의사소통 영상

고등학생인 슬기는 또래와 잘 어울리는 밝은 학생이었다. 그러나 최근 수업에 집중하지 못하는 시간이 많고 친구들과도 어울리지 못하고 있다. 이를 보고 담임교사가 상담교사에게 상담을 요청하였고 슬기가 상담교사를 찾아왔다.

번호	면담자의 행동 및 대화	대상자의 행동 및 대화	효율적 의사소통기법
1	(문을 열고 들어오는 슬기를 반가워하며) 어서 와! 슬기야! 반갑구나!	(인사하며) 안녕하세요! 선생님!	존중
2	(의자를 가리키며) 그래, 여기 앉아 봐.	(쭈뼛쭈뼛 망설이며) 선생님, 담임선생님께서 가보라고 하셔서요.	환경 조성
3	(눈높이에 맞춰 앉으며) 너희 담임선생님께서 요즘 네가 표정도 어둡고 친구들과 어울리지도 않는 것 같다고 걱정이 많으시더구나!	(고개를 숙이며) 그래요?	게이트키퍼 의사소통 중 자살위험 신호 파악
4	요즘 학교생활은 어떠니?	(상담교사의 눈을 피하며) 그냥 그래요.	개방적 질문
5	그런데 선생님이 보기에도 슬기 표정이 어둡고 기운이 없어 보이는구나! 이왕 왔으니 우리 함께 이야기 좀 나눠 보는 건 어때?	(고개를 돌리나 미세하게 목소리가 떨린다) 저…	반영/ 개방적 질문
6	(슬기의 손을 잡으며) 슬기야~ 너의 담임선생님이 진심으로 걱정하고 있어. 나도 너에게 도움이 되고 싶단다.	(한참을 주저하다가 눈물을 흘리며 떨리는 목소리로) 선생님, 요즘 학교 다니기가 너무 힘들어요.	존중/ 정보 제공
7	(눈물에 당황하지 않고 조용하게 토닥여주며) 요즈음 네가 학교 다니는 게 많이 힘들구나!	요즘 친구들 때문에 미칠 것 같아요… 친하게 다니는 친구 3명이 갑자기 나와 이야기를 안 해요. 특별히 싸운 일도 없었는데… (눈물을 글썽이며)	반영
8	(약간 놀라며) 특별히 싸운 일도 없는데 친한 친구 3명 모두 너와 이야기를 안 한다고?	(흐느끼며 운다)…	재진술
9	(어깨를 토닥이며 가만히 기다린다)	(기운 없는 목소리로) 처음엔 잘 몰랐는데 점점 나를 멀리하고… 항상 같이 다니는 친구였는데… 나를 피하고 그러면서 같이 다니는 애들이 학교 애들한테 내 욕을 많이 하고 다니고… 자꾸 우울해지고 눈물도 나고, 집에 가도 자꾸 그 생각만 나고… 집중이 안 되고 아무 것도 할 수가 없어요.	온정/친묵
10	(부드럽게 손을 잡으며) 슬기가 그간 얼마나 힘들었을까 생각하니 내 마음이 아파.	(목소리가 조금 높아지며) 학교 애들이 다 나를 무시하는 것만 같아요. 마음도 불안하고 잠도 잘 못 자니까 수업시간에 집중도 안 돼요. 성적도 많이 떨어졌어요.	공감

11	애들이 너를 무시하는 것 같아서 불안하고 잠도 잘 못 자는구나!	요즘은… 사실… 내가 무슨 행동을 할지 모르겠어요. 그냥 없어지고 싶어요.	반영
12	(차분한 목소리로) 슬기야… 혹시… 없어지고 싶다는 말이 자살을 의미하는 거니?	(침묵이 이어지고 어렵게 입을 열면서) 네… 사실 요즘 학교 옥상을 자주 쳐다봐요. 제가 그 애들 앞에서 죽으면 자기들이 잘못한 걸 알겠죠?	게이트키퍼 의사소통 중 자살생각에 대해 직접 묻기
13	아이들이 너의 자살을 보고 죄책감을 가지길 원하는구나.	제가 얼마나 고통스러웠는지 제 죽음을 통해 그 아이들이 알았으면 좋겠어요… 모든 걸 그렇게 끝내고 싶어요.	명료화
14	(부드럽게 어깨를 토닥이며) 네가 얼마나 힘들었으면 그런 생각까지 했나 싶어서 정말 마음이 아프구나. 혹시 구체적인 계획은 있는 거니?	(다시 머뭇거리며 작은 목소리로) 아직은… 구체적인 계획을 하진 않았어요.	공감/ 게이트키퍼 의사소통 중 자살계획에 대해 직접 묻기
15	(안심하는 듯한 목소리로) 아! 그렇구나!	그런데 그 아이들이 저만 빼고 보란 듯이 제 앞에서 노는 모습을 보면 당장이라도 그 앞에 떨어져서 죽어버리고 싶어요.	경청 추임새
16	(조심스럽게) 혹시 말이야. 이전에 자살을 시도한 적이 있니?	(울먹이며) 아니 없었어요. 하지만 지금은 언제 제 마음이 바뀔지 저도 모르겠어요.	게이트키퍼 의사소통 중 이전 자살시도 확인 질문
17	(걱정스러운 눈빛으로) 그런 마음이 들 정도로 지금 너를 힘들게 하는 것은 무엇이니?	(잠시 머뭇거리다) 사실 저하고 친한 찬미가 좋아하는 오빠가 저하고 같은 동아리라 만나서 인사도 하고 이야기도 했어요.	개방적 질문
18	그래서… 계속해 봐.	그런데 찬미하고 친한 은희가 그걸 보고 찬미한테 제가 그 오빠한테 친한 척하면서 꼬리친다고 말한 거예요.	경청 추임새
19	은희가 오해를 하고 너에 대해 안 좋은 이야기를 찬미에게 했다고 생각하는구나.	은희가 그래서 다른 애들도 저를 왕따시켰어요.	생각반영
20	그 상황에 대해 구체적으로 이야기해줄래?	다른 애들한테 제가 친구인 찬미 남자친구를 꼬셨다면서 다른 친구들한테 이야기한 거예요.	초점 맞추기/ 구체화
21	다른 친구들이란 누굴 말하는 거니?	저하고 같이 다니면서 친하게 지내는 애들이 5명 정도 되거든요. 그중에서 저는 찬미하고 가장 친했구요.	개방적 질문
22	사실 나도 고등학생 때 그런 일이 있었는데 그때 정말 힘들었는데… 너도 힘들었겠구나!	처음에는 난 그런 적이 없고 떳떳하니까 그냥 넘겼는데 찬미는 그렇게 생각 안 한 거 같았어요.	자기노출을 통한 공감/ 명료화
23	찬미가 그렇게 생각하지 않았다는 것은 어떻게 알았니?	다른 애들도 그렇고 찬미가 계속 날 피하더라구요…	개방적 질문
24	아! 찬미가 너를 피한 걸 보고 알았구나.	나하고 인사도 안 하고 점심 먹을 때도 저 빼고 자기들끼리만 먹고… 자기들끼리만 다니고…	생각반영
25	항상 무리지어 다니다가 혼자가 되어 외로웠겠네.	(울며) 예. 그런 일이 계속 되니까… 학교 와서 혼자 있고 밥도 혼자 먹고…	명료화
26	(다가가 화장지를 건네며 어깨를 다독이며)…	(눈물을 닦으며)…	존중/침묵

27	슬기야! 네가 그간 얼마나 힘들었으면… 네가 자살을 통해 네 친구들을 반성하게 하려는 생각까지 했을까? 라고 생각하니 내 마음이 정말 무거워.	(눈물을 훔치며) 사실 처음부터 자살이라는 무서운 생각을 한 건 아니었어요.	공감
28	(휴지를 건네며) 아! 그랬구나!	처음에는 그냥 무시하고 넘기다가 시간이 지나니 말하기가 어색했어요. 그러다가 오해를 풀고 싶어서 이야기하려 했는데 찬미가 피하더라구요.	경청 추임새
29	너는 찬미한테 거절당한 게 힘들어 더 이상 다가가지를 못했구나.	네. 찬미가 절 피하는 게 너무 속상했어요. 같이 다녔던 애들은 찬미하고 더 친해서 나하고는 상대도 안 해주고… 사실 저는 찬미하고 친하게 되면서 그 애들과 같이 어울린 거라서 찬미 편이거든요.	명료화
30	너 참 대단하구나! 그렇잖아! 찬미뿐만 아니라 다른 친구들도 너를 피하는데 도대체 무슨 힘으로 그간 견딘거니?	(약간 밝아지며) 그간 견딘 게 대단하다구요?	칭찬/개방적 질문
31	아까 말했듯이 나도 그런 일이 있었다고 했잖아. 그때 상담을 해 주었던 선생님이 괴롭고 외로웠던 나에게 잘 견딘다고 칭찬해 주셨거든.	정말 그럴까요? 전 제가 너무 찬미한테 의지한 건 아닌가 해서 제 자신이 미워지기도 했어요.	자기노출
32	그런 생각이 들 때마다 그래도 너를 버티게 한 것은 무엇이었니?	(가만히 생각해 보다가) 집에 와서 일기를 썼어요. 욕으로 낙서도 하구요. 우리 집에 강아지가 있는데 개는 내 마음을 알고 날 오해하지 않고 내가 울면 눈물을 핥아줘요. 근데 내가 방에서 욕하니 무서워해서 그걸 보고 '이러면 안되겠구나'라는 생각이 들어 진정이 되고 이제는 그렇게는 안 해요.	게이트키퍼 의사소통 중 삶의 이유 찾기 질문/개방적 질문
33	아! 강아지가 슬기를 잘 따르는 걸 보니 네가 다른 사람들에게도 아낌없이 잘해 주는 아이인걸 알 것 같아. 강아지에게 슬기가, 슬기에게 강아지가 서로 많은 힘이 되는 것 같구나!	그러고 보니 그간 그랬네요. 우리 집에서 저를 제일 많이 따라요. 엄마가 그러는데 제가 없으면 현관에서 내내 기다린대요. 제가 없어지면 죽을 때까지 거기서 기다리겠네요. 가엾게… (잠깐 생각하더니) 선생님! 선생님과 이야기를 하고 나서 당장 해결은 안 되어도 마음은 후련해졌어요. 그리고 방법이 생긴 것 같아요. 그동안 이런 말을 할 사람이 없었어요. 말을 하면 다른 아이들한테 다 퍼질 것 같았거든요.	칭찬/요약
34	혹시 네가 없어지면 너를 좋아하는 강아지가 불쌍하게 기다릴 걸 생각하니 그래서는 안 되겠다고 생각했구나!	선생님. (망설이며) 저, 이런 이야기는 선생님에게 처음으로 하는 거예요. 우리 선생님에게 말하지 말아주세요.	요약
35	슬기야! 나에게 이렇게 힘든 이야기를 해줘서 정말 고마워. 그런데 난 너를 지키기 위해 너의 부탁은 들어줄 수 없어. 네가 소중하기 때문에 너에게 힘든 일이 있고 도움이 필요하다는 것을 알려야 한단다.	(말없이 듣고만 있다가 눈물이 글썽거린다)	칭찬/ 게이트키퍼 의사소통 중 자살생각에 대한 비밀유지 금지하기
36	(부드럽게 어깨를 토닥이며) 앞으로도 언제든지 상담실로 찾아오면 돼. 이게 상담실에 내가 해야 할 일이거든.	네, 감사합니다!	존중/정보 제공

활동 10-2 지살위험 대상자와의 의사소통 사례를 직접 작성해 보고 2인 1조로 역할극을 해본다.

상황:

번호	면담자의 행동 및 대화	대상자의 행동 및 대화	효율적 의사소통기법
1			
2			
3			
4			
5			
6			
7			
8			
9			
10			
11			
12			
13			
14			
15			
16			
17			
18			
19			
20			

이번 주 실습에서 배운 내용을 간단히 쓰고 실습에서 의미있었던 점을 소감란에 자유롭게 기록한다.

실습일지

실습 10주	
실습 일시	
배운 내용	
소감	

11주
재난위기 대상자와의 의사소통

활동 11-1 재난위기 대상자의 시나리오와 [영상]을 보고 2인 1조로 역할극을 해본다.

갑작스러운 화재사고를 당한 여사장 이야기 ▶ 효율적 의사소통 영상

농수산물시장에서 건어물장사를 하는 50대 김재난씨는 추석을 한 달 앞두고 판매할 물량을 최대로 확보한 상태에서 장사하던 중, 밤 12시에 발생한 화재로 인해 자신의 상가뿐만 아니라 50여 개 점포와 판매할 물품 전부가 전소되었다. 그러나 명절을 앞두고 쉴 수 없어 시와 구청의 도움으로 임시 점포를 꾸리고 추석맞이 장사를 하고 있다.

번호	면담자의 행동 및 대화	대상자의 행동 및 대화	효율적 의사소통기법
1	안녕하세요? 저는 재난심리지원 자원봉사자 김희숙입니다. 오늘 처음 뵙지만 현재 어떤 상황인지 뉴스를 통해 들었습니다. 하지만 이렇게 어려운 상황에서도 이야기를 나누는 것이 마음이라도 조금 편안히 하는 데 도움이 된다는 선진국의 사례가 많아서 저희 같은 사람이 이렇게 찾아뵙게 되었습니다.	(가게 물건을 팔다가 멈추고 큰 목소리로 응대하며) 아! 그러세요? 근데 왜 이렇게 늦게 왔나요? (자원봉사자의 손을 덥석 잡아끌고 가게 뒤편의 작은 방으로 안내하며) 누추하지만 이리 와 보세요. 제가 정말 기가 찬 일이 많아요.	존중/ 정보 제공
2	(공손하게) 지금 이런 상황에서 말씀하시기 쉽지 않으시겠지만 그래도 이렇게 응대해 주시니 먼저 감사드립니다. 제가 뭐라고 불러드리면 될까요?	(구석에 있는 간이의자를 내어 주며 큰소리로) 그냥 재난씨라고 부르세요.	존중/ 개방적 질문
3	(말의 톤을 대상자의 기분에 맞추며) 김재난씨! 힘든 일을 겪으셨는데도 불구하고 다시 가게 일을 열심히 하고 계시는군요.	(큰 소리로) 목구멍이 포도청이라고 그래도 먹고 살려면 해야죠. (갑자기 눈물을 글썽이며) 근데… 전 너무 억울해요!	칭찬
4	(놀란 표정으로 대상자에 집중하며) 억울하시다구요?	(울면서 의기소침한 목소리로) 사실 저 죽고 싶어요. 너무 억울해서…	재진술
5	(휴지를 건네며) 죽고 싶은 생각이 들 정도로 억울하시군요.	(격앙된 목소리로) 뉴스에서도 들으셨겠지만 여기 가게 50개가 전부 전소되서 지금 다 억울하고 미칠 지경이죠. 이게 의도적인 방화는 아닌 거 같고, 그래서 자세한 원인을 밝히려고 국과수에서 자료를 수거해 가지고 갔고, 현재 아직 결과가 나오지도 않았어요.	느낌반영
6	가게도 전소되고 사건 발생 후 시간이 꽤 지났음에도 불구하고 원인이 밝혀지지 않아 정말 답답하시겠네요.	(다시 눈물을 글썽이며 격앙된 목소리로) 답답한 게 문제가 아니라 내가 죽고 싶은 이유는 사람들이 처음 불씨가 우리 집에서 누전으로 인해 시작되었다고 다들 쑥덕거리는 거죠. 아직 조사결과가 나온 것도 아닌데… 그런데 우리 옆집 가게 사장이 그걸 봤다고 저와 그간 언니 동생하면서 잘 지내던 사람들에게 이야기하고 다니는 거예요. 그래서 그 사람들이 갑자기 저하고 말을 안 섞어요. 앞으로 보상 문제가 걸리니까…	명료화

7	(놀라며) 어머나! 그래서 어떻게 되었나요?	왜 결과도 나오기 전에 그런 이야기를 하고 다니는지… 평소 나에게 어떤 억하심정이 있었는지 따지고 싶은데… 여자가 남자에게 따지지도 못하고… 우리집 아저씨는 결과가 나올 때까지 참으라고만 하고…	경청 추임새/ 개방적 질문
8	(대상자의 눈을 바라보며) 억울한데도 여자라서 따질 수도 없고 남편에게 조차도 이해받지 못해 정말 속상하시겠군요.	친하게 지내던 사람들이 제 말보다 그 옆집 사장 이야기를 더 듣는 게 화가 나고 남편조차도 대변인이 못 되어 주니 너무 억울해서 죽고 싶었어요.	명료화
9	(심각한 표정으로) 평소 친하던 사람들이 재난씨보다는 옆집 사장 말을 더 들었군요.	(눈물을 흘리며) 사람들이 그렇게 변할 줄 몰랐어요. 평소 언니 동생하면서 믿고 살았고, 불이 났을 때는 같이 당한 일이라 서로 위로하며 지내는 게 그나마 힘이 되었는데… 사실 우리 집에서 누전으로 불씨가 시작되었으면 우리는 망해요. 보상을 다 해 줘야 하니…	생각반영
10	(심각한 표정으로 대상자의 손을 잡으며) 갑작스러운 불로 가게도 전소되었는데 거기에다 그 원인이 재난씨 가게 누전 때문이라는 소문까지 나서 친하던 사람들이 재난씨와 이야기도 하지 않아 얼마나 힘드실지 이해가 됩니다.	제일 처음에 밤 1시에 나와서 불타는 가게를 보고 울며불며 소리쳤지만 우리가 할 수 있는 일은 없었어요. 그때만 생각하면 가슴이 두근거리고 혈압이 올라가요. 모두들 소리치다가 서로 부둥켜안고 울었어요. 지금도 자다가 작은 소리만 들려도 벌떡 일어나서 나가 봐요.	요약/ 공감
11	너무 엄청난 일을 당하신 경우 보통 누구라도 그 사건이 생생하게 기억나서 힘들어 하시더군요. 그런데 그때 그 힘든 상황을 어떻게 헤치고 나가셨나요?	(목소리를 낮추며) 아까 말했잖아요. 그나마 위안이 되는 건 호형호제하던 주위 가게 사람들이죠. 서로 부둥켜안고 울면서도 모두 힘을 합쳐서 구청과 시에 대응한 거죠.	재난 시 정상화 반응에 대한 정보 제공/ 개방적 질문
12	처음에는 힘든 상황에서도 모두 함께 의견을 모아 시에 대응한 것이 김재난씨가 견디는 힘이 되셨군요.	(목소리가 편안해지며) 선생님 이야기를 듣고 보니 그랬네요. 처음에는 밤 1시에 나와서 불타는 가게를 바라보니 억장이 무너졌고 울고불고 했지만 대책을 논의할 때는 같은 마음이 되어 함께 밤도 새고 밥도 먹고, 술도 마시고… 사실 제가 여자지만 한 목소리 하거든요.	생각반영
13	제가 지금까지 함께 이야기하면서 느낀 점은 김재난씨는 여성이지만 성격도 대장부 같아서 정말 힘든 일을 당하셨음에도 불구하고 잘 헤쳐 나가고 계셨던 거 같아요.	(잠시 밝은 표정으로) 제가 사실 평소에 다른 가게 언니나 형부들보다 나이는 어리지만 모이면 분위기 메이커이고 말도 위 아래 잘 가리면서 똑 부러지게 이야기해서 인기가 많았어요.	칭찬
14	(호응하며) 와! 역시 그러셨군요!	(표정이 변하며 격앙된 목소리로) 그런 힘든 상황에서 내 몸 안 돌보고 사람들을 다독이며 잘 버텨 왔는데… 옆집 그 인간이 나를 구렁텅이로 몰아넣었어요. 우리 집이 발화점이라니… 제가 평소에 꺼진 불도 다시 보는 사람인데… 내가 그 인간을 죽이지는 못해도 그 집 옥상에 가서 뛰어내리거나 아님 억울해서 보는 앞에서 할복자살을 할까라는 생각도 해 봤어요.	칭찬/ 경청 추임새

15	너무 힘드셔서 자살 생각까지 하셨다니 듣는 제가 다 마음이 아픕니다.	(다시 목소리를 낮추며) 선생님 오기 전까지도 목구멍이 포도청이라 장사는 하고 있었지만 내내 그 생각을 하고 있었어요.	공감
16	자살 생각까지 할 정도로 억울한 상황을 어떻게 견뎌 나가고 계셨는지요?	(잠깐 생각해 보다가) 억울해서 그러고 싶었지만 선생님과 이야기하면서 생각해 보니 내가 그런 행동을 하면 내 가족이 어떻게 되겠어요?	이야기치료 중 독특한 결과 질문방식/ 개방적 질문
17	장사도 해야 하지만 가족을 생각하면서 그 힘든 상황을 견디고 계시는군요. 정말 대단하시네요.	그렇게라도 해서 억울함을 알리고 싶었지만 만약 그랬다면 그동안 내가 우리 가족과 함께 쌓아 왔던 일들이 물거품이 되겠네요.	생각반영/ 칭찬
18	(관심 어린 표정으로) 그간 가족과 함께 쌓아왔던 일에 대해 좀 더 자세히 말씀해 주시겠어요?	제 아이들이 고3과 고1이에요. 두 아이들이 엄마, 아빠가 장사하면서 힘든 거 알고 공부를 다 잘해요. 애들이 가끔 우리 부부에게 의대 가서 엄마, 아빠 편하게 해 주겠다고 해요. 우리 부부에게 과분한 아이들이죠. 그런 아이들에게 내가 지금 억울하다고 자살한다면 얼마나 상처가 되겠어요?	초점 맞추기/ 구체화
19	(감탄하며) 정말 대단한 아이들을 두셨네요.	(목소리가 한 층 더 밝아지며) 주위에서 모두 그래요.	칭찬
20	(감탄하며) 아이들도 대단하지만 김재난씨도 대단하세요.	(의아한 듯) 저는 공부도 안하고 못해서 장사만 하고 있다가 바보같이 이런 일도 당하는데… 제가 왜요?	칭찬
21	보통 아이들은 부모의 얼굴이라고 이야기하잖아요. 심리학에서는 아이들이 훌륭하다는 건 부모가 모델이 되어서라고 분석적으로 설명하기도 합니다.	(환해지며) 그런가요? 사실 우리 부부는 없이 살아도 성실하게 속임수를 쓰지 않고 장사하고 남도 도우며 살고 있어요.	칭찬/ 정보 제공
22	아! 그러시군요.	제 입으로 말하기 부끄럽지만 매달 일정금액 기부금도 내고 있구요. 우리 상가에서 어려운 일이 발생하면 내 일처럼 나서서 도와요. 우리 아이들이 이제 그만하라고 할 정도로요.	경청 추임새
23	아이들이 말은 그렇게 하지만 부모님이 성실하게 최선을 다해서 사시고 몸을 사리지 않고 주위를 돕는 걸 보고 배우는 것 같아요.	이번 일이 너무 억울하고 힘들어서 요 며칠 간 죽을 생각까지 했는데… 이게 정답이 아니었네요.	요약
24	제가 말씀드리지 않아도 스스로 정답도 생각해 내시고 정말 지혜로우셔요.	국과수에서 곧 결과가 나온다고 하니 기다려 보고… 그 이후의 일은 그때 대책 마련을 해야겠어요.	칭찬
25	(밝은 목소리로) 와! 김재난씨는 역시 대단하신 분이세요! 죽을 거 같이 어려운 상황에서도 일을 하시고, 거기다가 잠시 동안의 대화 속에서 자신의 강점을 찾아내어 대응방법을 정리해 내시니까요. 제가 오늘 한 수 배웠습니다.	(힘차게 일어나며) 선생님 덕분이죠! 이렇게 방문해서 제 생각을 정리하도록 도와주셔서 정말 감사합니다! 지금 대목이니 힘내어 장사해야죠.	칭찬/ 요약/ 자기노출

활동 11-2 재난위기 대상자와의 의사소통 사례를 직접 작성해 보고 2인 1조로 역할극을 해본다.

상황:

번호	면담자의 행동 및 대화	대상자의 행동 및 대화	효율적 의사소통기법
1			
2			
3			
4			
5			
6			
7			
8			
9			
10			
11			
12			
13			
14			
15			
16			
17			
18			
19			
20			

이번 주 실습에서 배운 내용을 간단히 쓰고 실습에서 의미있었던 점을 소감란에 자유롭게 기록한다.

실습일지

실습 11주	
실습 일시	
배운 내용	
소감	

12주

MBTI 활용 인간관계 훈련 1

1 '너와 나의 창문열기' 활동지

장님들의 위치에 따른 코끼리에 대한 설명:
만지는 위치에 따라 다르게 이야기함

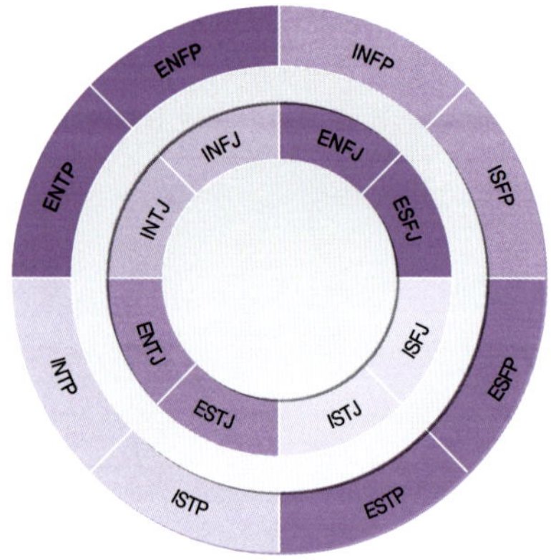

서로 다른 우리~~~!!

ISTJ **세상의 소금형** 한번 시작한 일은 끝까지 해내는 사람	***ISFJ*** **임금 뒷편의 권력형** 성실하고 온화하며 협조를 잘하는 사람	***INFJ*** **예언자형** 사람에 대한 뛰어난 통찰력을 가지고 있는 사람	***INTJ*** **과학자형** 전체적인 부분을 조합하여 비전을 제시하는 사람
ISTP **백과사전형** 논리적이고 뛰어난 상황적응력을 가진 사람	***ISFP*** **성인군자형** 따뜻한 감성을 가지고 있는 겸손한 사람	***INFP*** **잔다르크형** 이상적인 세상을 만들어 가는 사람	***INTP*** **아이디어뱅크형** 비평적인 관점을 가진 뛰어난 전략가들
ESTP **수완좋은 활동가형** 친구, 운동 음식 등 다양한 활동선호가	***ESFP*** **사교적 유형** 분위기를 고조시키는 우호적인 사람	***ENFP*** **스파크형** 열정적으로 새로운 관계를 만드는 사람	***ENTP*** **발명가형** 풍부한 상상력으로 새로운 것에 도전하는 사람
ESTJ **사업가형** 사무적, 실용적, 현실적으로 일을 많이 하는 사람	***ESFJ*** **친선도모형** 친절과 현실감을 바탕으로 타인에게 봉사하는 사람	***ENFJ*** **언변능숙형** 타인의 성장을 도모하고 협동하는 사람	***ENTJ*** **지도자형** 비전으로 사람을 활력적으로 이끌어가는 사람

나의 성격유형은 ------------------------------ 형이다.

나의 강점은 1. ------------------------------

2. ------------------------------

3. ------------------------------

4. ------------------------------

5. ------------------------------

6. ------------------------------ 등이 있다.

2 MBTI 4가지 선호지표별 특징 알기 및 나의 점수 알기

외향(Extraversion): 점	내향(Introvesion): 점
감각(Sensing): 점	직관(Ntuition): 점
사고(Thinking): 점	감정(Feeling): 점
판단(Judging): 점	인식(Perceiving): 점

⏰ 이번 주 실습에서 배운 내용을 간단히 쓰고 실습에서 의미있었던 점을 소감란에 자유롭게 기록한다.

실습일지

실습 12주	
실습 일시	
배운 내용	
소감	

13주
MBTI 활용 인간관계 훈련 2

1 우리반 친구 유형 분포 알기 그룹 활동 1

ISTJ 세상의 소금형	ISFJ 임금 뒷편의 권력형	INFJ 예언자형	INTJ 과학자형
ISTP 백과사전형	**ISFP 성인군자형**	**INFP 잔다르크형**	**INTP 아이디어뱅크형**
ESTP 수완좋은 활동가형	**ESFP 사교적 유형**	**ENFP 스파크형**	**ENTP 발명가형**
ESTJ 사업가형	**ESFJ 친선도모형**	**ENFJ 언변능숙형**	**ENTJ 지도자형**

이번 주 실습에서 배운 내용을 간단히 쓰고 실습에서 의미있었던 점을 소감란에 자유롭게 기록한다.

실습일지

실습 13주	
실습 일시	
배운 내용	
소감	

14주
MBTI 활용 인간관계 훈련 3

1 16가지 성격유형 차이 알기 그룹 활동 2

ISTJ 세상의 소금형	***ISFJ*** 임금 뒷편의 권력형	***INFJ*** 예언자형	***INTJ*** 과학자형
ISTP 백과사전형	***ISFP*** 성인군자형	***INFP*** 잔다르크형	***INTP*** 아이디어뱅크형
ESTP 수완좋은 활동가형	***ESFP*** 사교적 유형	***ENFP*** 스파크형	***ENTP*** 발명가형
ESTJ 사업가형	***ESFJ*** 친선도모형	***ENFJ*** 언변능숙형	***ENTJ*** 지도자형

이번 주 실습에서 배운 내용을 간단히 쓰고 실습에서 의미있었던 점을 소감란에 자유롭게 기록한다.

실습일지

실습 14주	
실습 일시	
배운 내용	
소감	

15주

인간관계 갈등해결 의사소통기법

1 MBTI 이해 후 갈등해결법

1) '성실이와 우리' 이야기 [영상]을 보면 두 사람은 어떻게 다른가?

<table>
<tr><td rowspan="3"></td><td colspan="4">성실</td></tr>
<tr><td colspan="4">내성적이다. 꼼꼼하다.</td></tr>
<tr><td>E / I</td><td>S / N</td><td>T / F</td><td>J / P</td></tr>
</table>

<table>
<tr><td rowspan="3"></td><td colspan="4">우리</td></tr>
<tr><td colspan="4">활발하다. 재미있다.</td></tr>
<tr><td>E / I</td><td>S / N</td><td>T / F</td><td>J / P</td></tr>
</table>

2) 각자의 입장에서 주었던 사랑은?

- 성실이가 우리에게 준 사랑은?

- 우리가 성실이에게 준 사랑은?

---

3) MBTI 집단상담 후 성실과 우리에게 일어난 변화는?

- 성실이가 우리를 이해한 후?

- 우리가 성실이를 이해한 후?

---

4) 갈등해결을 위해 나와 MBTI 정반대 성격유형이 선호하는 행동을 다른 친구 앞에서 해보고 친구에게 '참 잘했어요!'라는 사인받기

"나! 이런 일은 처음이야!" 활동하기

ISTJ 세상의 소금형	ISFJ 임금 뒷편의 권력형	INFJ 예언자형	INTJ 과학자형
• 음료수 마시고 친구에게 트림하기 • 친구 앞에서 방귀 껴 보기 • 친구가 정리를 미뤄도 이해해주기 • 노래방 테이블 위에서 춤춰보기 • 아픈 날은 회사 하루 쉬어보기 • "나! 꿍꿨떠, 기싱꿍꿨떠."라며 아기소리 내기	• 주변을 어질러 놓고 있어보기 • 목 놓아 노래 불러보기 • 여행갈 때 짐 대충 싸기 • 지시 또는 명령하듯 이야기해보기 • 가족과 친구들의 기념일이나 행사를 모른 척 해보기	• 마주한 사람 쳐다보고 현재 눈으로 관찰된 것(보이는 것)만 말하기 • 현실적으로 실행 가능한 계획 세워보기 • 최신 유행하는 신상 입어보기 • 삶의 의미에 대해 너무 심각해지지 말고 가볍게 접근해보기 • 남 따라하기	• TV 드라마 이야기로 수다 떨고 있는 친구들에게 가서 "다들 너무 의미있는 이야기 하고 있네. 너희들에게 배울게 참 많아."라고 말해보기 • 아이쇼핑을 30분 동안 해보기 • 친하지도 않은 친구가 생일에 초대하면 무조건 가보기
참 잘했어요! 사인 받기:	참 잘했어요! 사인 받기:	참 잘했어요! 사인 받기:	참 잘했어요! 사인 받기:
ISTP 백과사전형	**ISFP 성인군자형**	**INFP 잔다르크형**	**INTP 아이디어뱅크형**
• 먼저 말 걸어보기 • 남의 일에 참견해보기 • 나도 끼워 달라고 해보기 • 사소한 일에도 "진짜 고맙다." 말하기 • 말이 길어져도 끝까지 들어주기 • 방청객 아르바이트 해보기	• 자기가 먹고 싶은 것 참지 말고 말해보기 • 친구들이 말할 때 중간에 끼어 들어보기 • 친구가 약속에 늦으면 맛있는 것 사라고 해서 얻어먹어보기 • 가장 따뜻하고 편안한 자리에 내가 먼저 앉아보기 • 명령하듯 이야기해보기	• 남이 사는 것 따라 사기 • 하루 일과를 메모해서 기록하기 • 한 가지 일을 마무리 지어보기 • 친구들이 좋아하는 연예인을 덩달아 좋아하기 • 사람들 붙들고 눈을 보며 명확하게 말하기(지나치듯 말하지 않음)	• 먹고 노는 모임에 가서 "정말 의미 있는 일을 하고 계시는군요."라고 말해보기 • 친구들과 약속시간을 맞춰서 같이 등하교해보기 • 하루에 한 명 친구를 도와주기 • 친구에게 먼저 도울 것이 없는지 물어보기
참 잘했어요! 사인 받기:	참 잘했어요! 사인 받기:	참 잘했어요! 사인 받기:	참 잘했어요! 사인 받기:

ESTP **수완좋은 활동가형**	***ESFP*** **사교적 유형**	***ENFP*** **스파크형**	***ENTP*** **발명가형**
• 1분간 상대를 그윽한 눈으로 바라보기 • 친구의 사정을 조목조목 캐묻기 • 우는 친구의 이야기를 들어주기 • 옷, 머리, 스타일, 명품에 관심 끄고 하루를 보내보기 • 잠이 안 올 때 시집 읽어보기 • 하루를 계획한대로 보내보기	• "오늘은 나 혼자 밥 먹고 싶어." 하기 • "잠깐 내 이야기를 들어줘."라고 요청했다가 "아이고~ 내 이야기를 들을 사람이 아니네!!"라며 돌아서기 • 봉사단체에서 활동해달라는 요청을 거절해보기 • 처음 만나는 자리에서 냉랭한 분위기로 10분 동안 앉아 있어보기	• 1분간 상대를 집중해서 주시하기 • 딴짓하지 않으면서 공부에 집중하기 • 하루에 해야 할 일을 메모해두기 • 물건을 살 때에 3번 생각해보기 • 타이머를 맞춰 놓고 정해진 일만 해보기	• 일주일 전에 있었던 일의 기억을 떠올려보기 • 가족이나 친구들의 생일이나 기념일을 중요하게 메모해 두고 챙겨보기 • 무서우니까 안아달라고 해보기 • 친구의 장점 3개를 찾아서 말해주기
참 잘했어요! 사인 받기:	참 잘했어요! 사인 받기:	참 잘했어요! 사인 받기:	참 잘했어요! 사인 받기:

ESTJ **사업가형**	***ESFJ*** **친선도모형**	***ENFJ*** **언변능숙형**	***ENTJ*** **지도자형**
• 그룹숙제를 할 때 가만히 있어보기 • 늦게 온 친구에게 따지지 않고 "그럴 수도 있지 뭐."하고 받아주기 • 빙그레 웃으면서 상황 보고 있기 • 과거의 지난 일을 후회해보기 • 하루를 아무 것도 안 하고 보내보기	• 도와준 친구가 고맙다는 말을 하지 않을 때 "그럴 수도 있지."라고 3번씩 되뇌이기 • 친구 생일 잊고 넘어가기 • 주위 사람들에게 도움을 주기 전에 도움이 필요한지 먼저 물어보기 • 내가 한 실수를 애교로 봐주기 • 힘들 때 억지로 웃음을 보이지 않기	• 하고 싶은 말을 한 문장으로 끝내기 • 봉사단체에서 활동해달라는 요청을 거절해보기 • 사람들과 관계하지 않고 하루만 혼자 있어보기 • 친구 말에 리액션을 한 번만 하기 • 다들 "Yes."라고 말할 때 "No."라고 말해보기	• 친구에게 애교 부리기 "뿌잉뿌잉" • 말하기 전에 다섯까지 세어 보기 • 목소리를 낮추고 천천히 말하기 • 구체적으로 설명해주기 • "나 이거 어떻게 해야 할지 모르겠어. 니가 좀 알아서 해 줘."라고 말하기 • 친구의 실수를 이해하기
참 잘했어요! 사인 받기:	참 잘했어요! 사인 받기:	참 잘했어요! 사인 받기:	참 잘했어요! 사인 받기:

2 나-전달법(I-message) 훈련을 통한 갈등해결법

1) 공동과제물을 제출해야 하는데 같은 팀 친구가 협조하지 않아서 혼자서 하게 될 때

(1) 행동

(2) 나에게 끼친 영향

(3) 느낌

2) 몸이 피곤한 상태에서 기숙사로 왔는데 룸메이트가 방을 어질러 놓고 치우지 않을 때

(1) 행동

(2) 나에게 끼친 영향

(3) 느낌

3) 내가 힘들게 작성한 레포트를 친구가 보여달라고 할 때

(1) 행동

(2) 나에게 끼친 영향

(3) 느낌

4) 내일 쪽지시험이 있는데 갑자기 친구가 힘들다며 이야기하고 싶다고 할 때

(1) 행동

(2) 나에게 끼친 영향

(3) 느낌

활동 15-1 친구와 갈등(수평적 갈등) 시나리오를 보고 2인 1조로 역할극을 해본다.

상황: 2학년 학생들이 그룹 과제를 나누는 과정에서 2명의 학생이 상대방이 항상 더 쉽고 적은 과제를 받는 것 같다고 생각할 수 있다. 하지만 나는 불만이 없는데 친구가 이전 결정을 번복하여 다시 정하자고 제안하는 상황이다.

번호	예빈이의 행동 및 대화	효율적 의사소통기법	민경이의 행동 및 대화	효율적 의사소통기법
1	(자료를 가져와 보여 주면서) 민경아! 미안하지만 이번 과제 배분에서 너가 선택한 부분이 다른 친구들이 맡은 분량보다 적어서 우리 다시 좀 배분하는 거 어떻게 생각하니?	개방적 질문	(놀란 듯한 표정을 지으며) 갑자기 왜 그러는지 구체적으로 이야기 해줄래?	구체화
2	(미안해하며) 민경아! 내 말에 놀랐구나! 처음에 내가 잘못 배분했고 너는 선택만 해서 너에게는 책임은 없지만 그래도 지금이라도 공평하게 다시 배분하는게 우리 팀 모두를 위해 좋을 것 같아서 내가 다시 제안하는 거야.	느낌반영/ 정보 제공/ 자기주장	어제 네가 선택하라고 해서 선택했을 뿐이었는데 이제 와서 다시 배분하자 하니… 이미 나는 과제 내용에 대해서 생각을 해놓아 변경시키기 좀 어려울 거 같아.	자기주장 (I-message)
5	민경아! 어제 배분할 때 선택하라고 해서 했을 뿐인데 내가 이렇게 이야기 하니 네가 당황스럽구나!	I-message	(속상해하며) 당황스럽기보다 이제 와서 내가 적은 양을 얌체처럼 가져가는 사람처럼 취급당하는 것 같아 속상해.	I-message
6	(미안해하는 표정으로) 내가 너를 얌체로 취급하는 것 같이 느껴져 화가 나는구나!	느낌반영	(표정이 밝아지며) 나도 옛날에 대표할 때 그런 일이 있었던 기억이 나. 근데 사실 나는 너처럼 고민하다가 불합리한 줄 알면서 그냥 넘어가서 우리 반 아이들이 항의해서 많이 힘들었어. 그래서 그 마음을 알 것 같아.	자기노출을 통한 공감
9	(같이 밝아지며) 아! 진짜! 너도 나처럼 이런 걸로 고민했었구나!	생각반영	(반가운 표정으로) 네 표정이 밝아지는 것을 보니 내 말이 너에게 힘이 되는 구나!	행동반영/ 명료화
11	정말 고민 많이 하다가 너에게 힘들게 말했는데… 네가 그렇게 이야기 해주니 당연히 힘이 되지.	칭찬/ 자기노출	그런데 우리 앞으로 이런 일을 막는 방법이 뭘까?	개방적 질문
14	(약간 당황하며) 난 지금 갑자기 생각이 안 나는데 너가 생각하는 방법은?	개방적 질문	앞으로 우리 과제 배분할 때 이런 오해도 있을 수 있으니 선택하게 하지 말고 사다리 타기나 가위바위보로 배분하면 어때?	자기주장 (해결책 협상하기)
15	(밝아지며) 그거 참 좋은 생각인 거 같아. 너 참 대단해!	칭찬		

활동 15-2 친구와 갈등(수평적 갈등) 해결 의사소통 사례를 직접 작성해 보고 2인 1조로 역할극을 해본다.

상황:

번호	친구1 행동 및 대화	효율적 의사소통기법	친구2 행동 및 대화	효율적 의사소통기법
1				
2				
3				
4				
5				
6				
7				
8				
9				
10				
11				
12				
13				
14				
15				

이번 주 실습에서 배운 내용을 간단히 쓰고 실습에서 의미있었던 점을 소감란에 자유롭게 기록한다.

실습일지

실습 15주	
실습 일시	
배운 내용	
소감	

참고문헌

- 강진령(2016). 상담연습. 학지사.
- 김영애(2006). 인간관계 및 부부관계 개선을 위한 사티어의사소통훈련프로그램. 김영애가족치료연구소.
- 김정란(2014). 화법교육에서 자아인식에 관한 실태와 교육적 시사점. 화법연구, 24(24), 1-32.
- 김희숙 외(2014). 또래관계증진훈련 프로그램이 청소년 초기 아동의 자존감, 집단따돌림 및 우울에 미치는 영향. 아동간호학회지, 20(3).
- 김희숙 외(2015). 또래도우미훈련프로그램이 특성화고등학교 여학생의 실존적 영적 안녕감, 또래관계 및 우울에 미치는 효과. 정신간호학회지, 24(4).
- 김희숙 외(2016). 인간관계향상 프로그램(어울림) 워크북.
- 김희숙 외(2017). MBTI활용 부모역량강화프로그램이 부모의 자존감, 부모-자녀 의사소통, 부모효능감에 미치는 효과. 정신간호학회지, 26(4).
- 김희숙 외(2019). 인간관계와 의사소통 실습 워크북. 경북대학교.
- 김희숙 외(2020). MBTI활용 대인관계향상프로그램이 직업군인의 자기수용, 자존감 및 타인수용에 미치는 효과. 정신간호학회지, 29(1).
- 김희숙 외(2021). 인간관계와 의사소통의 이론과 실제. 학지사메디컬.
- 송희자(2010). 교류분석개론. 시그마프레스.
- 차명호 외(2021). 상담 심리치료에서의 가치명료화. 학지사.